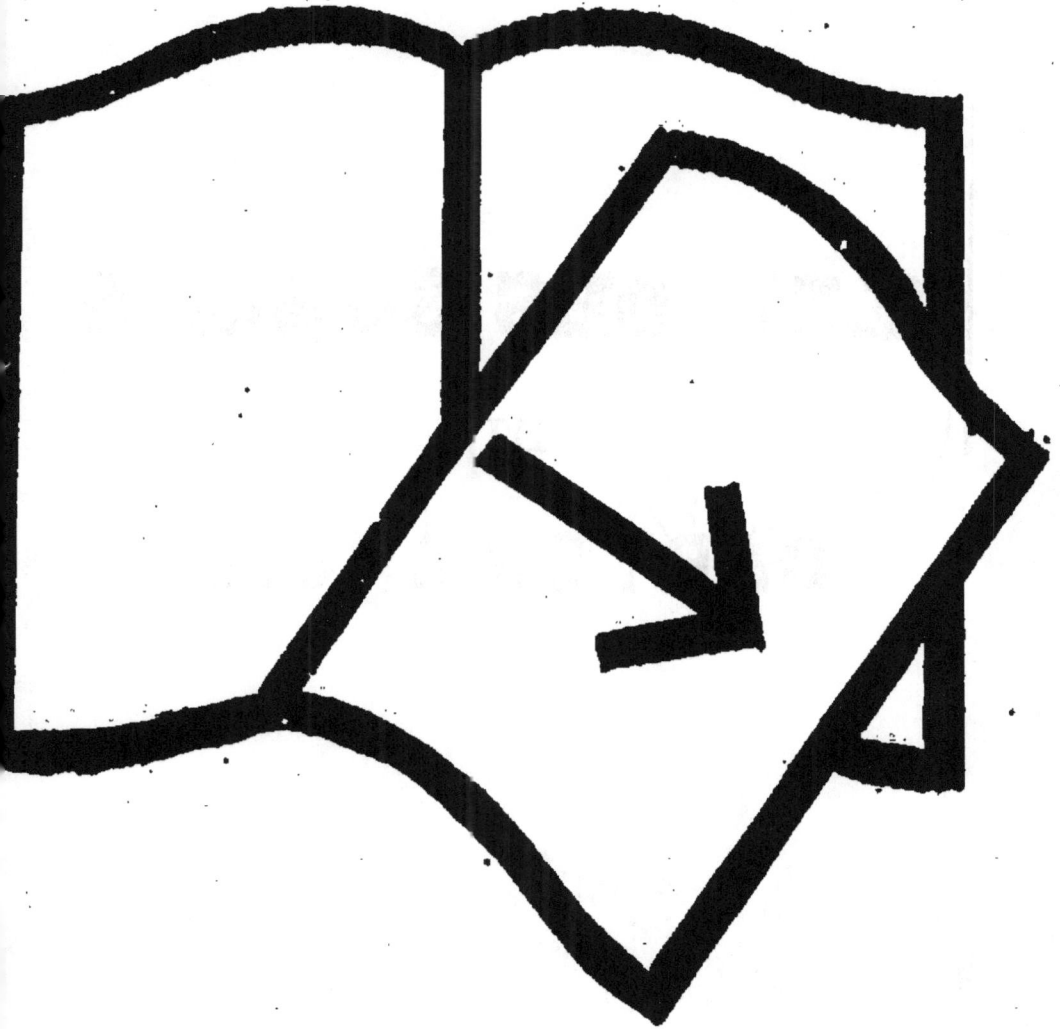

Couverture inférieure manquante

CLEF DES SONGES

ET

CARTOMANCIE

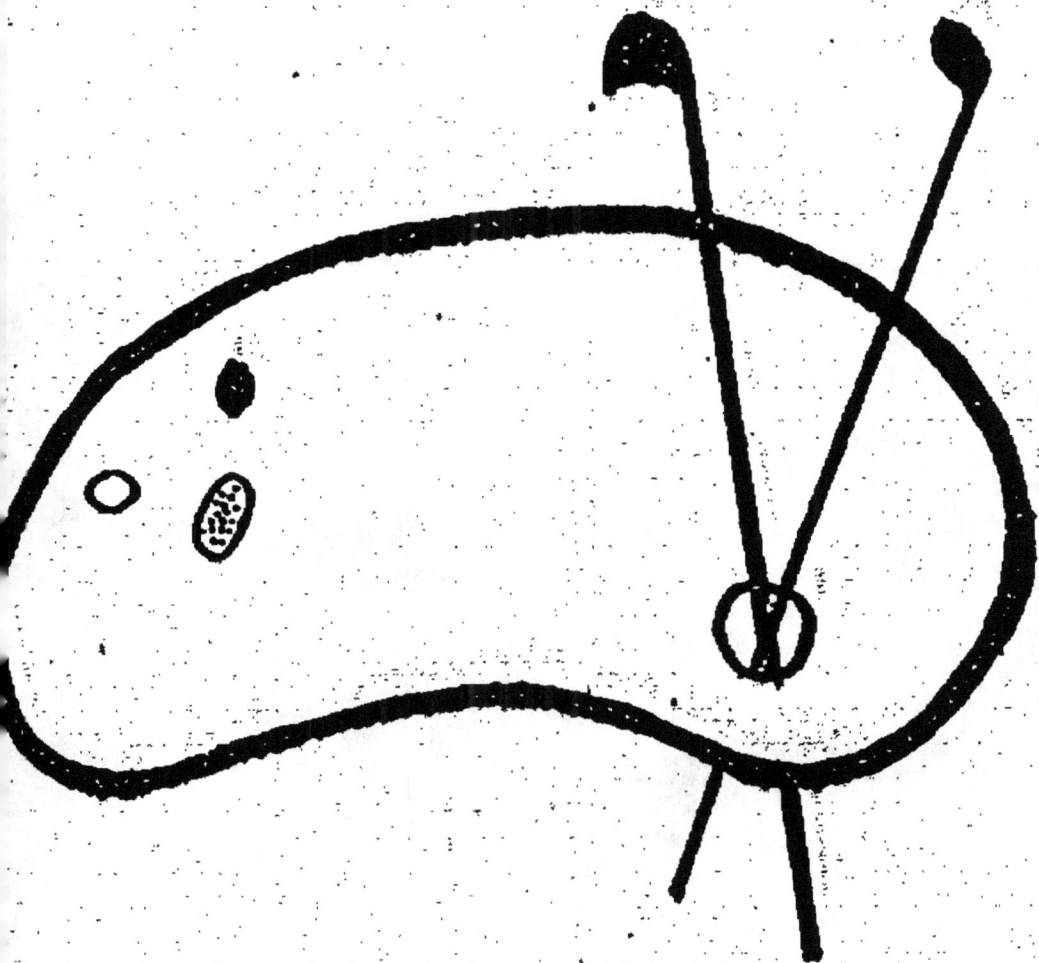

ORIGINAL EN COULEUR
Nº Z 43-120-8

REVES

L'AVENIR DÉVOILÉ PAR LA CLEF DES SONGES

VISIONS

F. BARRÉ

Les Songes.

La Cartomancie.

SONGES ET CARTOMANCIE

NOUVELLE ET COMPLÈTE

CLEF DES SONGES

INTERPRÉTATION INFAILLIBLE

DES

RÊVES, SONGES ET VISIONS

AUGMENTÉE DE LA

CARTOMANCIE

**Véritable et certaine
dans ses résultats
par des procédés simples et faciles
à la portée de tous**

LB

DÉPÔT LÉGAL
Seine
1876

PARIS
LE BAILLY, ÉDITEUR
RUE CARDINALE, 6.

C

LE
GRAND ET VÉRITABLE
TRAITÉ DES SONGES

Quelques mots à nos Lecteurs.

Un vieux proverbe dit : *Tous songes sont mensonges*. Nous ne sommes pas de cet avis ; nous pensons qu'un songe doit être l'aboutissant d'un événement inattendu, heureux ou malheureux. A l'appui de cette opinion, il existe, tant dans l'histoire ancienne que dans l'histoire moderne, une grande quantité de faits indiscutables qui prouvent la réalité de l'accomplissement des mystères du sommeil. Il faut remarquer, du reste, que l'interprétation des songes est soumise à certaines règles et conditions en dehors desquelles on serait dans l'erreur ; ainsi les songes dont on ne se souvient pas entièrement n'ont aucune valeur, et ceux dont on se souvient parfaitement, doivent être faits sur le point du jour ou du moins après minuit, alors que le sommeil et le corps, dégagés de tout trouble matériel de digestion, ne sont véritablement influencés que par les sens et par cette espèce de *seconde vue de l'avenir* que l'âme, dégagée de toute influence matérielle, peut seule être capable de dévoiler. Le bon Hippocrate l'a dit : « *Quand le corps est endormi, l'esprit veille.* » Le prophète Joël, chapitre 2, verset 28, ajoute : *Dieu répandra son esprit divin dans ses nations ; les enfants prophétiseront, les jeunes gens auront des visions et les vieillards des songes.* » L'on distingue six espèces différentes de songes.

DEBUT DE PAGINATION

1º LE SONGE. — Lorsque, sous certaine figure, la vérité se fait jour.

2º LA VISION. — Répète au réveil ce qui nous est apparu pendant le sommeil.

3º L'ORACLE. — Révélation ou avertissement.

4º LE RÊVE. — Reproduit la nuit ce qui, le jour, a vivement frappé l'esprit.

5º L'APPARITION ou FANTOME. — Vision nocturne et chimérique qui survient aux enfants, aux vieillards et aux cerveaux affaiblis par l'âge ou par les maladies. Celui-ci est trompeur.

6º L'ONÉIRODYNIE ou CAUCHEMAR. — Songe pénible et sans explication.

Il est donc de nécessité première de savoir interpréter le sens des rêves, songes et visions, auxquels nous sommes si sujets, pour nous éviter au réveil les écarts d'une imagination trop impressionnée par eux ; et pour cela, nous avons mis à contribution tous les écrits des anciens et des modernes sur la connaissance essentielle de cette science divinatoire.

Il est encore à remarquer qu'il n'y a que les personnes sobres et qui ont le jugement solide et l'esprit ferme qui puissent faire des songes susceptibles d'interprétation, attendu que les excès, de quelque nature qu'ils soient, anéantissent les rapports directs qui pourraient exister entre le présent et l'avenir.

Ainsi donc, amis lecteurs, vous voilà bien avertis, et si par hasard les réponses que vous obtiendrez dans vos interprétations ne vous étaient pas favorables, ne vous découragez pas et n'en prenez pas d'inquiétude, persévérez dans votre entreprise, persuadés que nous sommes par l'expérience que l'avenir n'appartient qu'à ceux dont la devise est : *Audaces fortuna juvat* (La fortune seconde les desseins des hommes courageux).

L'ÉDITEUR.

INTERPRÉTATION COMPLÈTE

DES

SONGES

Par leur ordre alphabétique.

Abaissement. (Être abaissé), revers de fortune ; (d'un ami), disputes, querelles.

Abandon (d'un parent ou d'un ami), malheur prochain; (de son état ou de sa maison), perte par des gens de mauvaise foi. (Être abandonné d'un grand), joie et profit.

Abattis (d'animaux). Grande joie.

Abattement (Rêver qu'on éprouve un grand) dénote une extrême faiblesse de caractère, défaut qui de tout temps fut condamné par les hommes de cœur, ainsi que le prouve un ordre du jour de Napoléon daté de Saint-Cloud, 22 floréal an x. « Le grenadier Grobin s'est suicidé pour des raisons d'amour; il était d'ailleurs un bon sujet.

« Il sera mis à l'ordre du jour de la garde qu'un soldat doit savoir vaincre la douleur et la mélancolie des passions ;

« Qu'il y a autant de vrai courage à souffrir avec constance les peines de l'âme, qu'à rester fixe sous la mitraille d'une batterie.

« S'abandonner au chagrin sans résister, se tuer pour s'y soustraire, c'est abandonner le champ de bataille avant d'avoir vaincu. Contre-signé : BESSIÈRES. »

Abattoir (Songer voir un), abondance; (y tuer), bonnes nouvelles; (en voir un vide), mort prochaine; (plein de sang), heureux présage.

Abat-vent. (En construire), prochain malheur; (s'y abriter), protection inattendue.

Abbaye. Triomphe d'une grande infortune.

Abbé régulier. Maladie prochaine.

Abbé séculier. Changement de position.

Abbesse. Médisance, ambition.

Abcès. Projets avortés, mauvaise réussite.

Abeilles. (En voir beaucoup), signifie prospérité en ses affaires; (sur soi), signifie tourments; (en être piqué), mauvais succès; (en voir entrer dans sa maison), dommages pour ses ennemis; (en tuer), perte.

Secret contre les piqûres d'abeilles.

A l'instant qu'on a été piqué de ces mouches, il faut chercher des pavots blancs, qui ne sont pas rares à la campagne, en prendre une tête, l'inciser, et faire couler sur la piqûre quelques gouttes du suc laiteux qui sort du pavot; la douleur se calmera sur-le-champ, et il ne surviendra point d'enflure comme il arrive presque toujours. Ce secret est infaillible.

Abhorrer quelqu'un. Imprudence dangereuse.

Abîme. Mort d'un proche. *S'abîmer*, chagrins domestiques.

Abjurer. Malheurs dans votre maison.

Aboiement. Démarches judiciaires sans résultats.

Abondance (Etre dans l'). Sécurité de courte durée.

Abreuvoir. Perte peu importante.

Abricots et autres fruits à noyau dénotent à celui qui rêve en voir ou en manger, santé, plaisir et satisfaction intime; (hors de saison), mauvais succès; (secs ou confits), ennui sérieux; (en voir sans fruits) dénotent misère.

Absence d'une personne amie. Chagrin, soucis.

Absolution. (La recevoir), heureux augure.

Absinthe. (En boire), chagrin de courte durée; (en acheter), maladie; (en vendre), réussite en affaires.

Abstinence (Faire). Grande joie.

Absoudre quelqu'un. Don d'amitié.

Académie. Longévité.

Académicien. Maladie d'un parent éloigné.

Acacia. (En voir), ne vous laissez pas abattre par un malheur qui vous menace.

Acajou. Craignez l'excès de votre orgueil.

Accaparement. N'accordez pas tant de confiance aux promesses qui vous sont faites.

Accès de folie. Maladie qui vous menace; (de fièvre), projets avortés.

Accident. (En éprouver un), héritage; (en voir), humiliation.

Accouchement. (En voir un), allégresse et prospérité; accoucher soi-même, prospérité, félicité, bonheur.

Accoucheur. (En voir un), inquiétude et mécomptes; (l'être), aide et protection.

Accoupler (animaux). Naissance dans votre famille, joie et festin.

Accourir. *Voyez* Courir.

Accroc (Se faire un). Peines dont vous triompherez.

Accueil (Recevoir un bon). Protection, encouragement.

Accumuler. Vous serez victime de votre convoitise.

Accusation. (Etre accusé par une femme), mauvaises nouvelles; (par un homme), bon présage; (accuser quelqu'un), tourment et inquiétude.

Achats (en général), signifie profit.

Acier, (En vendre), héritage ; (en fondre), persévérance utile.

Acquiescer. Réussite en amour.

Acquisition. Avantages dans les affaires.

Acteur ou actrice. (En voir), plaisirs frivoles ; (l'être), réussite dans la spéculation que vous projetez.

Action de prêcher. (*Voyez* Prêtre et Abbé régulier.)

Adam et Ève. Naissance prochaine dans votre famille.

Adjudant. (En voir un), perte d'un parent militaire; (l'être soi-même), dénote que votre projet réussira.

Adjudication. Tribulations dans le commerce.

Adolescent (blond), heureux présage ; (brun), malheur prochain.

Adoption. Maladie grave qui vous arrivera bientôt.

Adorer Dieu et l'implorer. Joie et satisfaction ; (des idoles), mauvais présage pour le songeur.

> Nous donnant la raison pour diriger nos sens,
> * Dieu chérit nos vertus, il déteste nos vices.
> Pour lui, plus de vertus sont le meilleur encens
> Et des défauts de moins les meilleurs sacrifices.

Adultère. Songer, commettre ou voir un adultère signifie bavardage, scandale, querelles.

Adversaire (Vaincre un), triomphe d'un méchant; (en être vaincu), peines qui seront de courte durée.

Adversité (Songer qu'on est dans l'), signifie réussite.

Affable. Création lyrique.

Affaiblissement des facultés physiques. Maladie prochaine; (morales), espérances mal fondées.

Affaires. Rêver que l'on en fait de bonnes, signifie que celles que l'on entreprend seront mauvaises, rêver le contraire signifie qu'il ne faut pas se laisser abattre par la difficulté.

Affamé (Être) vous dénote prochaine réunion d'amis.

Affecté, affection. Méfiez-vous de cet avis d'en haut.

Affermer, louer. Mauvaise spéculation.

Affiches. (En lire), peine perdue; (en coller), infamie, humiliation; (en arracher une), vol qui vous menace.

Affront. (En subir un), succès inattendu; (l'infliger à un autre), malheur prochain, procès.

Affût. *Voyez* Embûches.

Agacement des dents. Maladie d'enfant.

Agate, pierre. Indisposition passagère.

Age (Rêver de tel ou tel). Inquiétude prochaine

Agent (matrimonial), perte de procès; (d'assurances), joie; (de police), peine, perte, maladie.

Agiter, mouvoir quelque chose, heureux présage; (l'être soi-même), persécution, perte de biens.

Agneaux. (En voir), signifie joie et consolation; (en être caressé), espérance flatteuse; (en mener paître), ennui et tristesse; (tuer ou voir dormir un agneau), dénote un chagrin passager; (en porter un), contentement.

Agonie (être à l'), longévité; (d'un parent ou d'un ami), succession éloignée; (d'un étranger), bénéfice imprévu.

Agrafes. (En acheter), réunion d'ennemis; (en trouver), craintes motivées; (en vendre), calomnie, médisance.

Agrandissement. Estime, amitié.

Agriculture. Nouvelles heureuses de la campagne.

Ahuri, stupéfait. Maladie d'un proche.

Aide (en servir). Succès, heureux voyage; (en avoir un), réussite en affaires; (*aides, subsides*) mauvais augure.

Aigle. C'est un bon signe pour celui qui en voit voler un, mais s'il s'abat sur lui c'est signe de mort; dénicher des aiglons, danger, péril qui vous menace.

Aigre, âpre. Présage mauvais, danger à éviter.

Aigreur, âcreté. Désunion, médisance.

— *Mauvais mots*, caquetage, dispute.

Aigrettes (de perles). Bonne fortune.

— (de diamants). Richesse inattendue.

— (de rubis). Dignités, honneurs.

— (de corail). Joie qui sera de longue durée.

— (d'ambre). Voyages en pays lointains.

— (de schako). Nouvelles d'un militaire éloigné.

Aiguilles (à coudre). En voir, signifie tourment, tracasserie.

— (à tricoter). Cancans, médisance.

— (solaires ou aimantées). Grand danger.

Aiguillettes. Dignités, grandeurs.

Aiguiser (des outils). Réussite dans l'industrie.

— (des armes blanches). Maladie prochaine, blessures.

Ail. Songer voir des aulx, signifie querelles, découverte de secrets pernicieux.

Ail (en botte). *Voyez* Légumes.

Aile (d'oiseau domestique). Bonheur conjugal.

— (d'oiseau de proie). Danger vaincu.

Aimant, aimer. Réussite d'amourette.

Aimant (pierre). Faux amis à redouter.

Air (le voir pur et serein). Signifie toute sorte de bonheur; (trouble ou chargé de nuages) dénote le contraire; (nébuleux) maladie, tristesse, dégoût.

Airain (métal). Mort prochaine d'un ami.

Ais (planche). Maladie des suites d'une chute.

Ajustement industriel. Réussite dans vos entreprises.

— parure. Perte par fatuité.

Alambic. Projet réalisé.

Alarme, alarmistes. Redoublez de persévérance.

> L'homme presque toujours s'attire ses malheurs,
> Mais cette vérité l'afflige et l'importune :
> Et, loin d'en accuser ses vices, ses erreurs,
> Toujours son amour-propre accuse la fortune.

Albinos (en voir un). Vieillesse anticipée.

Alcôve (fermée). Projets ténébreux; (ouverte) utile aveu que vous recevrez.

Alchimiste (en voir un). Science profitable; (l'être) erreur funeste au songeur.

Alger. Voyage sans résultat, fatigue sans profit.

Algèbre. Heureuse entreprise.

Allaiter, nourrir. Naissance prochaine d'un fils.

Aliments (en préparer). Invitation à la sobriété. (En offrir). Heureux présage. (N'en pouvoir plus prendre). Indisposition prochaine. (En manger avec avidité). Maladie dangereuse.

Allée ou avenue. Vous ferez une grande route.

Allée, sentier. Cette nuit vous courez un danger.

Allégresse (joie). Espoir trompeur.

Allemand ou allemande. Joie en ménage, repos.

Aller, marcher. Craintes fondées, incertitude.

Allumettes (en voir). Signifie richesse.

Allumer la chandelle. Joie, contentement.

Almanach (en consulter un). Signifie conduite régulière pour l'avenir.

Allouette (en voir une dans les airs). Signifie élévation.

Aloès (plante). Soucis, amertume, maladie.

Alose (poisson). Avertissement à la sobriété.

Alpes (montagnes). Succès, élévation prochaine.

Altération. Songer qu'on a une grande altération et que l'on ne peut l'apaiser. Signifie tristesse.

Alun. Triomphe, victoire.

Amadou. Revers de fortune prochain.

Amandes (en voir). Signifie satisfaction et richesse.

Amandier (en voir un). Dénote trouble et embarras suivis d'aisance et de prospérité.

Amante (fidèle). Joie et profit. — (Infidèle). Caquetage, misère. — (Riche). Perte, ruine prochaine.

Amazone. Méfiez-vous d'une intrigante que vous croyez votre amie.

Amende (en payer une). Signifie profit.

Amaranthe (fleur). Dénote qu'un grand malheur vous menace. (La couleur seule) signifie réussite.

Ambassade (Etre en). Signifie élévation. (En recevoir une) long voyage que l'on fera dans vos intérêts.

Ambition (en avoir). Funeste présage. (En être victime) prochaine réussite.

De leurs biens, quels qu'ils soient, quels mortels se contentent?
Leurs vœux sont-ils comblés, d'autres vœux les tourmentent.

Savoir borner ses vœux, lecteurs, c'est le vrai bien.
Toujours désirer tout, c'est ne jouir de rien.

Ambre (pierre). Maladie. (Parfum). Bonne fortune.

Ambrette (fleur). Perfidie, astuce.

Ambroisie. Dépenses folles, ruine prochaine.

Ambulance (y être). Bon augure. (En voir une) maladie par suite d'inconduite.

Ame (en voir une en peine). Chagrins, pauvreté. (Montant au ciel) heureuse nouvelle.

Améthyste (pierre). Chance dans les affaires.

Américains (en voir). Voyage qui sera pénible.

Amérique (y être). Longévité malheureuse.

Amertume (peine). Grande joie. (Goût) bonne spéculation.

Ameublement (pauvre). Réussite. (Riche) déshonneur.

Ami ou amie (Rire avec). Discorde. (En rencontrer) désunions entre proches parents.

Amitiés (renouées). Dommages. (Rompues) scandales.

Amidon. Confiance mal placée.

Amidonnier. Dans peu vous serez la victime d'un traître.

Amiral. Voyage en mer qui vous sera fructueux.

Amnistie. Retour d'un exilé, bonnes nouvelles.

Amollissement. Une grande réussite vous est promise.

Amorce (en brûler une). Perte pécuniaire.

Amour (en ressentir les feux). Félicité. (En être l'objet) trahison, convoitise, querelles. (Voir l'amour en peinture) méchante femme qui vous nuira.

Amourettes. Caquet, calomnie, médisance.

Amoureux (en voir). Dispute en ménage.

Amphithéâtre (en voir un). Vous défend l'ambition. (Y être) dénote qu'un de vos proches court un grand danger.

Amples affaires (Faire d'). Signifie que vous serez poursuivi pour dettes dans un temps très-rapproché.

Ampoules (avoir une ou des). Entreprise heureuse. (Voir la Sainte) redoublez votre croyance en Dieu.

Amusement. Tous les songes qui y ont rapport sont mauvais.

Analyse (en faire une quelconque). Réussite en affaires.

Ananas (fruit). Peines venant d'une cause lointaine.

Anatomie. Science profitable au songeur.

Anchois (en voir ou en manger). Dénote bonne fortune.

Ancre. Vous recevrez d'un pays lointain de bonnes nouvelles.

Andouilles (en voir ou en manger). Mauvaises mœurs.

Âne (en voir paître un). Signifie tracasserie. (Au repos) ruse et malice. (Courir) ne dénote rien de bon. (Blanc) ennui ou retard d'une affaire pressante. (Noir) maladie d'un proche. (L'entendre braire) dénote trouble et querelles. (En quantité) malheur.

Anévrisme (en voir un). Chagrins qui vous mettront en danger. (Songer qu'un autre en est affligé) signifie que de grands maux vous menacent.

Anéantissement (Etre dans l'). Imprudence.

Anémone (fleur). Une grande joie vous est promise.

Ange (songer voir un). Signifie heureuses nouvelles. (En voir plusieurs) avertissement salutaire.

Angelus (l'entendre). Soyez confiant. (Le réciter), grande joie.

Anglais, anglaises. Frivolité, nonchalance.

Angleterre (y aller). Petite excursion avantageuse.

Angoisse (douleur). En ressentir, dénote réussite.

Anguilles (songer en prendre une vivante). Signifie malice. (Morte), chagrin, peine, souffrance.

Animal (quelconque.) Nouvelles d'un ami éloigné.

Animaux (en groupe). Abondance. (En marche) prospérité. (En nourrir), signifie richesse, gain et profit.

Anneau, alliance ou bague (en donner à quelqu'un), signifie dommage; (en recevoir) dénote sûreté en ses affaires; (la casser) rupture conjugale.

Les évêques portent un anneau comme le gage du mariage spirituel qu'ils ont contracté avec l'Eglise. Les anciens s'en servaient pour sceller les lettres; les Romains n'en eurent longtemps que de fer, et, selon Pline, Marius fut le premier qui en porta un d'or. On mettait l'anneau à la main gauche; il eût été ridicule de le porter de la main droite. Bientôt on en mit à tous les doigts, à toutes les phalanges; il y en eut pour toutes les saisons, puis pour toutes les semaines. De nos jours on en porte encore aux oreilles.

Les Indiens en ont au nez, aux joues, aux lèvres, au menton, aux pieds. Enfin les Germains en portaient en fer en signe d'esclavage, jusqu'à ce qu'ils eussent tué un ennemi de la nation.

Anis (fleur). Bonne action qui vous vaudra un cadeau.

Anisette (liqueur). Gaieté, douce jouissance.

Année ou **anniversaire**. Signifie brouille ou querelle.

Anse quelconque. L'adversité vous menace.

Antichambre. Gain inattendu, réussite.

Antimoine. Chagrin provoqué par la concurrence.

Antiquaire. Vous recevrez un de ces jours un cadeau

Antiquité. Héritage inattendu venant de loin.

Antre (caverne). Vous ferez une trouvaille qui vous comblera de joie; (pleine de malfaiteurs), triomphe sur des ennemis cachés.

Aplomb (le conserver). Heureux présage. —(Le perdre). Malheurs mérités.

Apothicaire. Prochaine indisposition, chagrins.

Apparition. *Voyez* les mots *Spectre* et *Fantome*.

Appétit (en avoir) signifie absence d'amis ou de parents; (en manquer) fâcheuse nouvelle.

Apôtre (en voir), cherchez vite un protecteur; (l'être) projet heureux, succès dans vos entreprises.

Apoplexie (en voir tomber quelqu'un) petit présent que vous recevrez; (en être frappé) intérêts menacés.

Appartement (riche) ostentation, misère; (pauvre) contentement, espoir réalisé; (vide) maladie; (en société) raccommodement d'amis.

Appointements (en recevoir) ordre, économie; (les voir

augmenter), labeur, travail; (les perdre) changement de position.

Apprentissage. Peines de courte durée.

Aplatir quelque chose. Liaison intime rompue.

Apporter n'importe quoi. Intérêts en danger.

Apprêter tel ou tel objet. Economie récompensée.

Approchement (d'une chose réputée impossible).Danger imminent.

Approvisionnement. Perte de sa légitime.

Aqueduc (moderne) élévation prochaine; (ancien) ruine.

Araignée (en voir une) dénote procès; (en toucher) profit; (en tuer) dommage; (de mer) voyage heureux; (en manger) faillite, ruine complète.

Arbalète. Avancement, élévation.

Arbitrage, décision. Cherchez au plus vite un protecteur.

Arbitraire. Médisance, procès pour mauvais propos.

Arbitres, juges. Haine, discussions, médisance.

Arbre (monter sur un).Signifie honneur; (en tomber) signifie tristesse; (touffu) protection;(abattu) dommages; (portant fleurs ou fruits) gain basé sur leur quantité; (vert) contentement; (desséché) dénote le contraire; (renversé par la foudre) frayeur, désespoir; (y rester suspendu) perte de protecteurs.

Arbrisseau (fleuri).Heureuse union, bonheur.

Arc ou arcs (détendu) impuissance, irrésolution; (de baleine) entêtement; (-en-ciel) bon signe pour les pauvres et les malades, s'il est tourné vers l'orient; s'il est au couchant, heureux présage pour les riches et ceux qui sont en bonne santé. S'il est interrompu vers le centre, il dénote maladie et souvent mort prochaine au songeur.

Arcade, cintre, ruine de votre maison.

Arche, voûte, protection inespérée.

Archer, garde, changement de position.

Archet d'instrument, flatteurs qu'il faut craindre.

Archevêque (en voir un) bon signe; (songer l'être) ambition déçue, suites à redouter.

Architecte. Affaires douteuses, mauvais calcul.

Architecture (en détruire) réussite; (en élever) abaissement.

Architrave (poutre), profit, succès.

Archives (archivistes), discussions pour succession.

Ardeur. Augmentation de fortune.

Ardillon (de boucle). Liaison dangereuse, société nuisible.

Ardoises. Gain dans le commerce, élévation de fortune.

Arène. Combat, discussion entre parents ou amis.

Arêtes de poisson (s'y piquer) maladie certaine; (en avaler une) danger de mort d'un enfant.

Argenterie (en voir), ennuis; (en acheter) perte; (en vendre) profit; (en dérober) scandale public.

Argent (en voir et en compter) signifie profit, (en trouver) espérance, (en dissiper) pénurie, (en perdre) revers de fortune, (en voir ramasser) succès.

Argile (terre), funérailles d'un proche.

Argousin, emprisonnement certain.

Argument (argumenter), signifie abus de confiance.

Aride (sec). Mauvaise situation commerciale.

Arithmétique (l'apprendre). Cadeau à recevoir, (l'enseigner) vous serez l'objet de bons offices d'un ami.

Arlequin, signifie légèreté, malice, singerie.

Arme (en voir de tranchantes) forte division; (à feu) discussion, complot, (en recevoir) honneur.

Armée (en voir une) c'est bon signe, (en bataille) victoire sur ses ennemis, (en déroute) dénote perte et affront, (marchant contre soi) chagrin.

Armoire (pleine) un malheur vous menace, (vide) que la prévoyance soit le mobile de toutes vos actions.

Armoiries. Ruine, perte, infortune.

Armurier. Danger de mort du songeur.

Aromates. Duplicité qui vous sera funeste.

Arquebuse. *Voyez* Arme à feu.

Arpentage. Soins et bonheur dans votre ménage.

Arracher (des arbres) concurrence qui vous sera fatale, (de l'herbe) chagrins domestiques, (des fleurs) triomphe sur un rival.

Arrêter (s') redoublez de persévérance, (quelqu'un) succès.

Arrivée (au pays natal) réunion de famille, (d'un exilé) joie, réussite, (d'un ami) grandes nouvelles.

Arrondir (tel ou tel objet) peine sans profit réel.

Arroser des fleurs, petit profit pour beaucoup de peine.

Arrosement. Larmes, tristesse dans votre maison.

Arroseur (et arrosoir), perte et mauvais présage.

Arsenal, discorde entre parents, chicane, larmes.

Arsenic (en prendre). Menace de maladie; (en donner) désordre.

Artichauds (en voir) signifie peine, (en manger) brouille, (frits) désappointements, (verts et gâtés) mort.

Artifice. Ruses, triomphe de vos ennemis.

> Le méchant se complaît dans le malheur des autres ;
> Mais son propre malheur punit ses sentiments.
> Si nous donnons à tous, des peines, des tourments
> Personne ne plaindra, n'adoucira les nôtres.

Artificiel, Fourberie d'un associé.

Artificier, *Voyez* Feu d'artifice.

Artillerie, *Voyez* Armes à feu.

Artiste (peintres et sculpteurs) talents incompris, (musiciens) caquetage, calomnie.

Artisans. Bonne et durable santé.

Artison (ver) courage dans le danger.

Ascension. *Voyez,* Ballon, Aérostat.

Asperges (en voir hors de terre) signifie prospérité, (dans un jardin) réussite du songeur, (en manger) cela dénote la confiance que l'on a en vous.

Aspersion. Que votre amour pour Dieu soit sans bornes.

Aspic. Union fortunée, argent, bonheur.

Assaillir (quelqu'un) infortune, (se voir) bonne réputation.

Assaisonner (telle ou telle chose) cadeau dispendieux.

Assassinat. Convalescence certaine d'un ami malade.

Assemblée (de femmes) mariage, (d'hommes) rivalité, rupture.

Asphyxie. Vos peines trouveront leur récompense.

Asseoir (s'). Prochain revers de fortune.

Assiéger (une ville). Délivrance d'un captif. — (Un fort), duel. — (En être simple témoin), doublez d'efforts, vos malheurs sont près de toucher à leur terme.

Assiette (quelconque). Présage heureux.

Assignation (en donner une). Lettre anonyme. — (La recevoir), cartel.

Assigner. Vos affaires sont à la veille d'une catastrophe.

Assistance. Revers de peu d'importance.

Assoupissement. Nouvelle mortuaire d'un ami

Asthme (en avoir un). Maladie prochaine. — (Voir un asthmatique), fâcheuse catastrophe à vaincre.

Remède contre l'asthme.

Il faut prendre tous les soirs environ trois cuillerées de sirop de lierre terrestre qu'on fait chauffer; on peut y ajouter une cuillerée de sirop de capillaire; l'effet de cette légère potion est de faire bien dormir et de faire cracher beaucoup. Ce sirop se fait ainsi : Prenez deux poignées de lierre terrestre que vous aurez laissé sécher à l'ombre, et une poignée de bons capillaires. On les met dans un litre et demi d'eau de rivière, et on les fait bouillir ensemble jusqu'à la réduction du tiers de l'eau. Il faut passer cette réduction et bien exprimer les plantes; ensuite on y met cinquante grammes de sucre fin, et on fait bouillir le tout pendant un demi-quart d'heure. Quand ce sirop est refroidi, on le verse dans une bouteille que l'on bouche bien.

Astrologie (y croire). Corrigez-vous de vos défauts.

Astrologue (en voir un). Malheur. — (L'être), curiosité, crédulité.

Astronomie. Élévation momentanée, renommée factice.

Asile (refuge). Courage, les cieux vous protégent.

Atre (foyer). Joies domestiques, heureux avenir.

Attacher (lier). Méfiez-vous des gens cauteleux.

Attaquer (quelqu'un). Dénonciation, misère et souffrance.

Attelage (de chevaux). Prospérité d'un jour.

Atelier (en activité). Travaux couronnés de succès. — (En chômage), perte d'emploi. — (Incendié), malheur.

Attente. Enfantement.

Attention. Illusion, temps perdu.

Atout. (En avoir lorsque l'on rêve jouer aux cartes), signifie affaires avantageuses. — (Si c'est le partner qui en a), négociations aventureuses.

Attouchement. Mauvaises mœurs, sensualité.

Attroupement. Sur la fin de vos jours vous éprouverez mille maux.

Aubade. Illusion, temps perdu (si l'on rêve la recevoir); courage et bon espoir (si c'est soi qui la donne).

Aubépine (en fleurs). Fiancée sage et modeste. — (Dépourvue de fleurs), mariage prochain. — (En bouquet), amourette.

Auberge (pleine). Prochain repos. — (Vide), malheur.

Aubergiste. Succès inespéré dans ce que vous entreprendrez.

Aubier (bois). Isolement, abandon de tous.

Audace. Rêve qui promet le bonheur à qui n'est pas un homme pusillanime.

Audience (d'un grand). Démarche folle. — (Donner), ne pronostique que chicane et mauvaise foi.

Auditoire. Mauvaise fréquentation, gens à éviter.

Auge (de telle nature qu'elle soit). Mauvaises mœurs, scandale.

Augmentation de biens signifie au songeur toujours le contraire.

Aumône. (Aumôner quelqu'un) signifie joie et réussite, — (La recevoir) signifie tristesse, mélancolie.

Aumônier. Bon conseil, exemple à suivre.

Aune (mesure). Voyez ce dernier mot.

Aurore (couleur). Humanité envers ses semblables. — (Du jour), cette journée sera bonne pour vous.

Autel (en voir un). Signifie consolation de l'âme. —(En construire un) dénote joie.—(En voir un renversé) signifie tristesse, perte de considération.

Auto-da-fé. Signifie chagrin, douleur amère.

Automate. Méfiez-vous des personnes cauteleuses qui vous entourent, ou de grands maux vous menacent.

Automne. Héritage, naissance dans votre famille.

Autruches (voir une ou plusieurs). Signifie voyage lointain. — (En tuer), honneurs et bon voisinage.

Auvent. Puissante protection.

Auvergnat. Discorde, ladrerie. —(Plusieurs), bon commerce.

Avaler (de bonnes choses). Très-bon signe.— (De mauvaises), maladie.

Avances (recevoir des). Ruine complète. — (En faire), considération.

Avanie (scandale). Un affront vous sera fait.

Avare, avarice. Héritage imprévu qui vous sera enlevé.

> Lecteurs, gardez-vous bien de trop aimer l'argent;
> C'est un sentiment bas ; c'est un ignoble vice.
> Celui qui peut livrer son âme à l'avarice,
> Dans le mépris public trouve son châtiment.

Aventure (bonne). Méchante femme.—(Mauvaise), heureux résultat dans toutes vos entreprises.

Avenue. Réunion entre deux personnes aimées.

Aveugles (songer en voir). Dénote qu'on apprendra quelques vols ou autres délits. — (Songer qu'on le devient) signifie que quelques parents sont décédés.

Avirons. Mettez plus de régularité dans votre conduite.

Avoué, avocat. Songe ne présageant que ruine et misère.

Avoine (mûre et dorée). Bénéfice. — (En plein champ), perte.—(En vendre ou donner), richesse. —(En acheter), misère, désespoir.

Avortement. Souffrances morales, déconsidération.

Azur (temps ou couleur). Espérances trompeuses, péril.

Babil. Un procès scandaleux vous menace.

Babillards. Si ce sont des femmes, tracasserie ; rivalité si ce sont des hommes.

Babiller. Si l'on songe babiller soi-même, cela vous dénote que vous avez tout à craindre de votre indiscrétion.

> De l'indiscrétion craignez l'effet funeste ;
> Celui qui sur chacun va disant ce qu'il sait,
> Ne peut pas se douter de tout le mal qu'il fait :
> Il brouille tout le monde, et chacun le déteste.

Bablolo. Votre songe vous annonce de vous défier des caquets.

Bac ou bacs. Promenade champêtre.

Bacchanales (fêtes). L'excès des plaisirs vous perdra.

Bacchantes. Réformez vos mœurs, fuyez les femmes de mauvais exemple, ou vous êtes perdu.

Bachelier. N'accomplissez rien imprudemment.

Bacchus. Dans l'excès du vin vous trouverez la mort.

Badaud (niais). Un intrigant vous perdra.

Badinage (honnête). Bonne nouvelle. — (Déshonnête), ruine. — (Avec un chat), malice, trahison. —(Avec un chien), bon commerce avec ses amis.

Bafoué, mépris. Craignez les railleurs sans indulgence.

Bagage. Tracas domestiques, petit voyage.

Bagarre. Emeute, querelle, prison.

Bagatelle. Fuyez l'amour facile, ou craignez-en les suites.

Bagne. Paix, consolation de grandes peines.

Bague. Donner une bague à quelqu'un signifie perte, en recevoir une signifie gain, (de mariage). *Voyez* Anneau.

Baguette divinatoire. Votre secret n'est plus à vous.

Bain (se baigner, voir un bain), signifie affection ; (être dans un bain d'une belle eau) signifie santé parfaite ; (se baigner en eau trouble) dénote perte d'amis; (voir un bain où il n'y a personne) inquiétude ; (entrer dans un

bain trop froid ou trop chaud,) tribulations ; (dans un
dont la chaleur est tempérée) signifie joie et bonheur.

Baignoire (en voir une). Heureuse vieillesse.
Bail (sous-seing). Procès, mauvaise fréquentation.
Baillon. Vous ne triompherez que par la prudence.
Bain-marie. Redoublez de probité, propreté et éco-
    nomie.
Baïonnette. *Voyez* Armes blanches.
Baiser. Voir baiser les mains de quelqu'un dénote ten-
    dresse, amitié, bon présage ; songer baiser la terre
    signifie tristesse, abaissement, honte.
Baissière (lie). Vous êtes menacé de bien des maux.
Bal (être dans un), signifie gaieté, amusement, espoir de
    succession ; (voir danser), récréation coûteuse ; (bal
    masqué), perte d'argent ; (paré), trahison ; (champêtre),
    promenade prochaine à la campagne.
Baladin. Un grand péril vous menace.
Balafré ou balafre. Votre mort est prochaine.
Balais, balayer. Si quelqu'un songe balayer sa chambre
    ou son appartement, cela dénote réussite dans les af-
    faires que l'on a confiées à un tiers ; une cave signifie

le contraire ; un vaste enclos ou terrain, ennuis, misères, peines inutiles.

Balance. Votre injustice n'est plus un mystère.

Balancé. Ne différez pas un instant, agissez.

Balançoire. Vous avez des ennemis bien près de vous.

Balayeur ou balayeuse. Affaires à régler de suite.

Baldaquin. Couvrez-vous du manteau de la vertu.

Balcon. Vous vous élèverez en conservant l'estime.

Baleine (poisson). Voyage lointain outre-mer.

Balle (y jouer). Signifie prospérité, profit ; paquet (*voyez* Bagages) ; ballot, (id.)

Ballon (Voir un) (sillonner les airs) dénote élévation passagère et mauvais présage ; (y monter), projets chimériques, abaissement de position.

Balustrade. Vous avez en ce moment un ferme appui.

Banal. Soyez un peu plus sérieux en affaires.

Banc (de bois). Promesses futiles ; (de pierre) offre acceptable ; (d'église) union prochaine.

Bancal, bancroche. *Voyez* Boiteux.

Bandages. Soyez circonspect, vous êtes en danger.

Bande (quelconque), méfiance ; (de malfaiteurs). *Voyez* Brigands, Bandits, Assassins, etc.

Bandeau (sur une blessure), convalescence, guérison ; (sur les yeux), votre aveuglément vous perd.

Bander (un malade), humanité, philantropie.

Bandit. *Voyez* Brigands.

Banni. Voyage au long cours.

Bannière. Nouvelle de l'armée.

Bannissement. Nouveaux malheurs, exil.

Banque (y porter des valeurs), perte commerciale ; (en recevoir), succès dans vos entreprises.

Banqueroute. Mauvaises connaissances.

Banqueroutier. Redoutez vos bailleurs de fonds.

Banquet (festin). Réunion d'amis, raccommodement.

Banquier. Protecteur généreux et utile.

Baptême. Joie dans votre maison, santé.

Baquet. Affliction, orgie, dépenses folles.

Baraque. Misère ; des gens mal famés vous duperont.

Barbe. (Songer avoir la barbe brune) signifie dommage ; (l'avoir rousse) mauvais présage ; (se la faire) longs ennuis ; (raser une femme) heureuse union ; (l'avoir blonde) grande réussite ; (longue) paresse, perte ; (noire) deuil prochain ; (songer qu'on vous la fait) cela signifie sûreté dans ses affaires ; (la voir tomber) entreprise ruineuse ; (fraîche rasée) tribulations par suite de médisance ; (la faire à un autre) dénote accroissement de biens.

Barbot (poisson). Perte peu sensible.

Barbet (chien). Signe de fidélité conjugale.

Barbier. Cancans, médisance ; (femme de), graves désagréments, mauvaise considération.

Barboter. Ruine causée par votre faute.

Barboteur. Vous comptez trop sur vos créanciers.

Barbouillé. Votre réputation se perd de jour en jour.

Barbouilleur. N'espérez pas triompher par votre astuce.

Barde (*chanteur*), (en voir un) signifie ennuis et désagréments.

Baril (de vin), profit ; (d'huile), faute grave ; (d'eau), malheur.

Barriolé. Votre confiance est fort mal placée.

Baromètre. Votre inconstance fera votre perte.

Baron. Protecteur brun ; (baronne) protectrice brune.

Baronnie. Succès, fortune, héritage.

Barque (de pêcheur), travail pénible ; (échouée), grands périls.

Barreau. Poursuites en diffamation.

Barre (Jeu de), temps perdu ; (tribunal), procès perdu.

Bas. Avoir des bas percés signifie espérance trompeuse ; mettre ses bas, perte ; les ôter, gain ; s'ils sont de soie, affront, argent perdu ; de coton ou fil, modeste aisance ; retournés, nouvelle, caquets.

Bascule. Pesez vos actions ou craignez de grands revers.

Basilic (herbe), amertume ; (animal), luxe de courte durée.

Basse-cour. Pauvreté.

Bassin. Bonne nouvelle, surprise.

Bassiner. Maladie de courte durée.

Bassinet. *Voyez* Armes à feu.

Bassinoire (vide), perte, dettes ; (pleine de feu), profit.

Basson (instrument). *Voyez* ce mot.

Bastille, bastion. *Voyez* Forteresse.

Bastonnade. Honte, misère, revers de fortune.

Bataille. Songer voir une bataille signifie triomphe sur ses ennemis, prospérité après la victoire ; (champ de), peines, pertes, remords ; (navale), mauvais présage ; (de femmes), cancans, médisance. *Voyez* Amazone.

Bâtard. Mésintelligence en famille.

Bâtardise. Mauvaises mœurs, scandale.

Bât (d'animal). Patience, sécurité.

Bateau (Songer voir un). Sur l'eau, signifie réussite dans ses entreprises ; s'y promener soi-même dénote allégresse ; si l'eau est agitée ou s'il fait un orage, c'est danger ; voir un bateau à terre signifie stagnation de commerce ; sur une rivière, lac ou étang dont l'eau est claire, cela signifie bonheur et sûreté en affaires ; si elle est trouble, cela dénote le contraire ; y sombrer, *voyez* Naufrage.

Batelet. Procès gagné, profit.

Batelier. Entreprise facile et profitable.

Bâtir. Songer bâtir ou voir bâtir une maison signifie chagrin, afflictions du corps, abandon, mort d'un parent ou ami dans l'année. — (une église), présage funeste. — (une prison), poursuites judiciaires, réputation attaquée.

Bâtiment. *Voyez* aux mots *Vaisseaux* et *Navires*.

Batiste (toile). Procès gagné, craintes mal fondées.

Bâton (Tenir un). Signifie ennui. — (S'appuyer dessus), Infirmité. — (En frapper quelqu'un), tendance à la domination. — (De voyage), agissez toujours avec précaution et prudence.

Battant (de cloche). N'affichez pas un faux mérite.

Batteur (d'or). Signe précurseur d'un complot contre vos intérêts. — (En grange), bonnes nouvelles de la campagne.

Battoir. Très-prochain malheur dans votre maison.

Battre. Songer que l'on bat quelqu'un avec la main ou lui donner un soufflet, signifie paix et union conjugale, et si le songeur est célibataire, cela lui présage qu'il ne le sera pas longtemps ; songer se battre contre un reptile, dénote que l'on triomphera de ses ennemis. — (Contre un chien), fidélité. — (Contre un chat), dénote une trahison. — (Battre autrui à coups de poing), bonne harmonie. — (En être battu), dénote le contraire. — (La laine), malédiction. — (Un matelas), amourette.

Baudrier. Vous échouerez en dépit de vos efforts.

Baume. Bonne renommée vaut un trésor.

Bavaroise (liqueur), joie. — (Étrangère), union mal assortie.

Baver. Dégoût des plaisirs sensuels.

Bazar (halle). Voyez ce mot.

Beaucoup de monde. Protection, aide, aisance.
— d'argent), misère, essais infructueux.
— d'or), plaisirs passagers, écueil.
— de fruits), plaisirs champêtres en réunion.
— de fleurs), amours et bonnes relations.
— de bestiaux), procès qui vous ruinera.
— de terres), vous êtes appelé à avoir beaucoup d'enfants.
— de volailles), maladie.
— de bétail), nouvelles de la campagne.
— d'amis ou d'amies), brouille et raccommodement
— de prêtres), fécondité, naissance.

Pour tous les autres objets, en rechercher les mots dans ce dictionnaire.

Beaux habits. La pauvreté sera le prix de vos efforts.

Beau- père). Mauvais présage.
— frère), discussions d'intérêts.
— fils), abandon, ingratitude.
— temps), une indiscrétion causera votre perte.

Beauté. Jalousie, rupture.

Bécassine. Placez mieux votre affection.

Becfigue. Gourmandise, sensualité.

Bêche. Votre goût au travail vous promet de grands biens.

Bêcher. Prospérité, vous braverez toute concurrence.

Bégayer. Naissance d'un fils malingre et souffreteux.

Bègue. Difficultés difficilement vaincues.

Beguin. Vives et terribles contrariétés.

Beignets. Repas de corps, grande joie.

Bêlement d'agneaux. Propos innocents, amitié.

Belette (Songer voir une), signifie que l'on se passionnera pour une femme astucieuse et méchante.

Bélier (Être frappé par un), signifie correction.

Belle- fille), tentation charnelle.

— mère), mauvais accord, discussion.

— sœur), affection, bon accord.

Belveder. Élévation, profit, réussite.

Berger et Bergère (en voir) dénote soin et surveillance.

Bergeries (en voir). Héritage prochain. — (En soigner), toujours bon présage. —(En avoir une), soins empressés à donner à ses amis.

Bénédiction. Mort d'un ami ou d'un grand parent.

Bénéficier. Honneur, profit, calme de sa conscience.

Bénir. Songer être béni dénote joie.

Bénitier. Paix du cœur.

Béquilles (Marcher en s'appuyant sur des) prospérité.

Berceau (avec un enfant), fécondité. — (De feuillage), tristesse, ennui, amour contrarié.

Bergamotes. Bonheur durable. — Bergamote (boîte) de longs et heureux jours vous sont promis.

Berline. Avant peu vous serez forcé de faire un voyage.

Besace. Pauvreté, famine, gêne extrême. — (De frère quêteur), humanité, bonnes œuvres.

Besoin pressant d'argent. Vous en serez affligé peu de temps.

Bestiaux (en posséder beaucoup). Signifie richesse, abondance. — (En garder), dénote humiliation des riches, élévation des pauvres. (Voir *Animaux*.)

Bêtes (en voir courir), signifie trahison. — (En être poursuivi), insulte. —(Les entendre crier), ennui.—(En tuer), joie, santé.—(A cent pattes), offenses, sottises.—(A foin) triste labeur.

Bette ou poirée. Indisposition, malaise.

Betterave (rouge). Oubli des chagrins. — (Blanche), douceur.

Beuglements de taureaux. Mort prochaine.

Beurre (Songer voir ou battre du) signifie abondance, amitié. — (En manger), querelle entre parents.

Biberon. Naissance d'un fils, festin.

Bibliothécaire. Folie, triste présage.

Bibliothèque. Conseils à rechercher en tous temps.

Biche (Songer voir une), signifie contentement et profit — (La voir entourée de ses petits), dénote que le songeur acquerra des richesses à proportion du nombre. — (En tuer une), retraite calme.

Bidets. Ne formez aucune opposition aux sentiments d'autrui.

Bière (cercueil). Maladie mortelle.

Bière (boisson). Dépense urgente, gain.

Bigarreaux. Bigamie.

Bigot. Mensonge, dissimulation.

Bigoterie. Infidélité de femme.

Bijoutier. Faux semblants d'amitié.

Bijoux (en or). Flatterie intéressée. — (En brillant), piéges, amorces coupables. — (En argent), réussite.

Bien (Songer que l'on visite son), signifie réussite dans ses affaires. — (Faire du bien aux malheureux), dénote grande joie. — (En recevoir), oubli de toutes peines.

Bilboquet. Retour d'un ami éloigné.

Billard (y jouer ou voir jouer), signifie entreprise peu sûre.

Billet (recevoir un billet doux), amitié.—(A ordre), poursuite devant les tribunaux.—(De loterie), temps mal employé, perte d'argent.

Binet ou Bobêche. Ennemi très-acharné.

Biscornu (objet). Mauvais signe généralement.

Biscuits (faire ou manger des) signifie profit et bonne santé; — (de mer). Heureux voyage en mer.

Bise (vent). Cargaison sombrée, perte.

Bitume (goudron). Malheureuse inclination.

Bivouac. Héritage, voyage heureux au loin.

Bizarre, bizarrerie. Réparation, dommage.

Blâme, blâmer. Mauvais amis, dangereux conseils.

Blanc (tout objet). Pureté de sentiment.

Blancheur. Bonne réputation du songeur.

Blanchisserie. Détention, emprisonnement.

Blanchisseur. Disculpation, amour du vrai.

Blanque (y jouer). Gêne qui sera longue.

Blason. Orgueil, ambition.

Blasphémateur. Soupçons, projets sans fondements.

Blé (en voir en épi ou en cueillir) signifie profit et richesse; songer voir une grande plaine de blé, signifie qu'on épousera une femme riche ou gain de procès; (voir moissonner), dénote qu'on sera heureux dans le commerce; (porter du), signifie infirmité; (en voir en grange), profit; (en voir peu), perte et famine.

Blessure. Si quelqu'un songe avoir été blessé à l'arme blanche, cela lui dénote qu'il recevra plusieurs bienfaits de celui qui l'aura blessé; (si c'est par un inconnu), cela signifie chagrin prochain; (blesser autrui), signifie soupçon injurieux; (si c'est par un animal quelconque), malice de ses ennemis.

Blette (plante). Funeste désappointement.

Bleu (couleur). Vous ferez sous peu un gain notable.

Bloc, ou bloquer. Temps mal employé.—(de pierre), constructions élevées sur vos économies.

Blond. Amour dans la maison.

Blonde. Recherche en mariage agréée.

Blondin. Jeune rival, très-dangereux.

Blouses. Vous vous préparerez bientôt pour un voyage.

Bluet (fleur). Plaisirs aux champs.

Bluteaux. Un bénéfice doit vous arriver.

Bocage. Amourettes champêtres.

Bocal. Union fortunée.

Bœuf (en voir paître ou posséder). Heureux signe.—(en voir au repos). Signifie que l'on vous rendra service.—(en voir un furieux). Dénote tourment. (en voir de blancs). Signifie honneurs, fortune par le travail. (noirs). Tourment. (sans cornes). Excellent présage. (maigres). Chèreté de subsistance. (gras), le contraire.—(endormis). Union prochaine. (roux), menaces et méfaits. (les voir au labour). Gains et prospérités.

Bohémiens. Vices, astuce, superstition.

Boire (songer que l'on boit de belle eau claire). Signifie qu'on aura de la fortune. (de la chaude). Maladie. — (trouble). Esprit lourd.

Bois (songer qu'on est dans un bois, égaré). Signifie profit (s'y promener). Joie satisfaction. (à brûler). Richesse.— (grande forêt). Opulence.

Boiserie. Affaires embrouillées.

Boisseau. Loyauté dans le commerce.

Boissons. Leur excès vous mène à votre ruine.

Boiter ou boiteux. Peines, maladies incurables.

Boîte (en or). Bonheur idéal.— (en argent). Culpabilité. (en platine). Vices et misères. —(en bois). Voyage.— (à odeur). Ruine, vanité. — (à miroir). Coquetterie.

Bombe (artillerie). Mauvais présage. *Voyez* Artifice.

Bombarder, Mort prochaine.

Bonbons. Songer qu'on en mange, dénote supercherie.

Bondissement. Flatterie perfide.

Bonheur quelconque. Espérance déçue, guignon.

Bonnet (mettre ou avoir le sien de travers), signifie désordre, trouble, tracasserie; (de femme), médisance; (de nuit) fâcheux présage, maladie; (carré), que Dieu vous ait en garde.

Bonnetier. Ami dangereux.

Bordage d'un vaisseau. Voyage périlleux en mer.

Borgne. Veillez un peu plus à vos intérêts.

Borne. Esprit caustique, accident.

Bottes (avoir des bottes neuves). Signifie profit et bon succès dans ses entreprises. (de vieilles, ou trouées). Signifie querelle. (fortes). Mortalité.

Bosse. Mauvaise langue, médisance.

Bossu. Malheur, disgrâce.

Boston (le jeu), temps perdu; (ville), grand voyage.

Botanique. Santé, longue vie.

Botaniste. Commerce prospère.

Bouc (voir ou posséder des boucs). Signifie héritage.

Bouche (la) songer l'avoir ouverte. Signifie richesse. — (l'avoir fermée). Infortune, pauvreté. (plus grande qu'à l'ordinaire). Grande joie.

Boucher. Homme qui vous nuit.

Boucher quelque chose. Difficulté vaincue.

Boucherie. Prochaine catastrophe.

Bouchons. Mœurs légères, folie.

Boucles (d'oreilles). Fantaisie dispendieuse. — (de ceinture) Commerce prospère. — (de souliers). Familiarité.

Bouclier. Que la Providence vous en serve.

Bouderie. Mauvais caractère, chicane.

Boudins (Songer voir ou faire du), signifie peines; (en manger), réunion d'amis, visite inattendue; (blanc), bon commerce; (noir), affaires embrouillées.

Boue (songer que l'on marche dedans), misère future; (en être couvert), maladie, avilissement.

Bouffettes (nœud), mauvais sentiment.

Bouffi (joufflu). Maladie contagieuse, empoisonnement.

Bouffissures. Attaque nocturne, guet-apens.

Bouffons. Affaires embrouillées par nonchalance.

Bougie. (en voir une allumée). Naissance. (en faire ou voir faire). Bon salaire, contentement. (lorsqu'elle s'éteint d'elle-même). Mort, enterrement.

Bouilli (en manger). Ennui. (Bouillon). Prospérité.

Bouillie d'enfant (en manger). Avantage et profit.

Boulanger (en voir), Dénote année abondante.

Boulangère, économie pour ses vieux jours.

Bouleau. *Voyez* Arbre.

Boulevard. Solitude, retraite, promenade.

Bouleversement. Mauvaises nouvelles.

Boule. Instabilité d'idée, folie.

Bouquet (songer être orné de fleurs, ou recevoir un bouquet), signifie joie et contentement de peu de durée. (en donner), nouvelle controuvée.

Bouracan. Grossièreté, misère.

Bourbe. Naissance illicite.

Bourbier. Affaires scandaleuses, mauvaises réputations.

Bourdon (mouche). Caquet, méchants propos. (cloche). Appel à la piété, à la vertu.

Bourdonnement. Bavardage, mauvais voisinage.

Bourgeois. Vie calme, paisible et honnête.

Bourgeons. Un nouveau-né augmentera votre famille.

Bourrache (plante), maladie de langueur.

Bourreau (songer en voir un), signifie ruine et perte; (l'être), dénote déshonneur.

Bourrelier. Maladies d'animaux domestiques.

Bourse (pleine), générosité d'un ami; (vide), malaise; (en cheveux), souvenir intime.

Boussole. Un ami vous reviendra d'outre-mer.

Bout-à-Bout. Votre existence touche à sa fin.

Bouteille (en voir), signifie joie, divertissement.

Boutique. Tracas financiers dans votre maison.

Boutons (au visage), débauche, maladie honteuse; (songer avoir des boutons en brillant), folie, gaspillage; (d'or), dépense inutile, luxe immodéré; (d'argent), honnête aisance.

Boutonnier. Homme qui vous veut du bien.

Bouvier. Nouvelle de grands parents de la province.

Bouvreuil. Joie d'un court instant.

Boyaux. Maladie mortelle, enterrement.

Bracelets. Heureux augure.

Braconnier. Un homme méchant convoite votre bien.

Braconner. Mettez, croyez-moi, un frein à vos passions.

Braise. Un incendie viendra ruiner votre avenir.

Brancard. Malaise d'un de vos proches, dont la position vous alarmera momentanément.

Branchages. Chasse prohibée, punition, peines.

Brandebourg. Luxe onéreux, bien gaspillé.

Brandon. Discorde, dispute, haine.

Branlement. Ruine, anéantissement de votre patrimoine.

Bras. Activité, courage, récompense; (croisés), mort d'un parent; (étendus), accueil amical.

Brasserie. Pauvreté par inconduite.

Brasseur. Ne vous courbez pas aux coups du destin.

Brave. *Voyez* les mots Courage et Courageux.

Bravoure. Ce songe vous conseille l'énergie.

Brebis (Songer que l'on voit ou que l'on possède des), signifie profit et bonheur; (en voir tuer ou brûler), signifie pleurs, affliction; (blanche), amour pastoral; (noire), amour clandestin; (seule), amour délaissé ou qui ne tardera pas à l'être.

Brèche. Dent, mort d'un enfant.

Breland ou brelandier. Vol, ruine et vieillesse horrible.

Brelandière. Méfiez-vous d'une femme brune.

Brevet (quelconque). Le ciel récompense l'homme de cœur.

Bréviaire. Sages conseils vous seront donnés.

Bride (faiseur de) un sage mentor vous est nécessaire.

Brigadier. Lettre d'un militaire.

Brigands (Si quelqu'un songe être attaqué par des), cela signifie perte d'enfants, parents ou fortune; (en être tué), héritage manqué.

Brigandage. Succès dans vos spéculations.

Brillant. Un intrigant vous spolie.

Brioches. Vous serez dans peu d'un grand festin.

Briques. A force d'économie vous serez riche un jour.

Briser ou **casser.** Votre caractère irascible devra changer.

Brocard. Ne vous exposez plus à la sévère critique.

Brocanteur. Soyez franc et loyal, le ciel vous le conseille.

Brocanter. Vous êtes menacé de faire une fausse spéculation.

Broche (de bois), retour à la fortune, après des pertes ; (tourner la broche), servitude ; (de fer), travail.

Brochet (poisson). Vous ferez prochainement une promenade nautique.

Brochure (livre). Acquérez de l'instruction, l'ignorance vous perd.

Broc. Corrigez-vous des libations démesurées.

Brodequins. Une bien tendre amie s'apprête à vous venir voir.

Broderie. Songer que l'on porte des habits brodés, signifie grandeur, richesse, ambition.

Brodeur. Méfiez-vous des belles paroles.

Brodeuses. Deux intrigantes projettent votre perte.

Bronzes. Dureté, insensibilité, mauvais cœur.

Brosses ou vergettes. Cela dénote votre futur retour au bien.

Brouetter. Signifie que les *faiseurs* vous bernent.

Brouillard. Vos affaires ne sont pas très-claires.

Brouille. Vous vous raccommoderez avec votre ennemi.

Broiement. Jamais vous ne vous réhabiliterez.

Brouter. Dénote que sans plus de courage vous serez perdu.

Brun. Homme de loi qui vous protége.

Brue (belle-fille). Querelle dans votre ménage.

Brugeon (fruit). Votre frugalité fera votre malheur.

Bruit (en être victime), maladie ; (en faire), mépris.

Brûler (une chose, ou un objet), malveillance.

Brûlure. Peines, chagrins cuisants, maladie.

Onguent pour la brûlure.

Faites fondre du suif de chandelle, mêlez-le avec l'huile de noix jusqu'à consistance d'onguent. Ou bien faites tomber goutte à goutte de la graisse de porc toute bouillante sur des feuilles de laurier. Ce liniment est infaillible.

Brunette. Une jeune fille vous nuit en ce moment.

Brutalité. Un malheur vous menace sous huit jours.

Bruyères. Excursion champêtre.

Bûcher ou bûches. L'hiver prochain vous fera pauvre.

Bûcheron. Celui que vous dédaignez le plus vous servira.

Buée, lessive. Votre bonté sera bientôt proclamée.

Buffet. Vous commencerez bientôt à connaître l'aisance.

Buffle. Méchanceté, sauvagerie.

Buffleterie. Nouvelles d'un parent militaire.

Buis (bénit). Courage, le sort vous vient en aide.

Buissons. Un accident vous arrivera à la nuit.

Buissonnière (école). Vos enfants seront niais et bêtes.

Buraliste. Réglez vos comptes, il en est temps.

Burat (étoffe). Votre mise atteste vos mœurs.

Bureau (quelconque). Soins, ordre, loyauté.

Burettes. Observez constamment la sobriété.

Burin ou buriner. Souvenir d'une bonne action.

Buse de corps. Vous épouserez bientôt une personne que vous ne connaissez pas.

Buste (demi-corps). Honneur, considération.

But (tir). Vous triompherez de tous vos ennemis.

Buttes (montagnes). Elévation loyalement obtenue.

Cabale. Calomnie contre vous.

Cabane (songer en voir une). Signifie travail pénible.

Cabaret. Y être en réunion d'amis, gaieté, joie.

Cabaretier. Signifie orgie, dépenses folles.

Cabinet. Dénote l'attention qu'exige le commerce.

Cabriolet (si l'on songe aller en). Signe de bonne fortune.

   (être en arrière servant de laquais) Dénote médisance.

Cacher (cachette). Que votre chapeau renferme vos secrets.

Cachemire. Luxe sans vertu, pauvreté avec vice.

Cachet. La dissimulation est parfois un devoir.

Cacheter. Tenez-vous en garde contre la médisance.

Cachot. Tous vos méfaits sont connus de Dieu.

2

Cadavre (en voir un). Signifie crainte, terreur.

Cadeau (en donner un). Bonté, amour. (le recevoir) Joie.

Cadenas. Perte par manque de précaution.

Cadran. Dans peu vous contracterez une heureuse union. (solaire). Ne recevez vos avis que d'en haut.

Cadres. Félicité et bonheur conjugal ; (de famille), heureux accord ; (d'exposition), gloriole, fatuité ; (d'armée) *Voyez* tous les mots qui ont rapport à l'art de la guerre.

Café (songer en boire ou brûler). Peines et tribulations.

Cage (en voir une pleine d'oiseaux) Dénote affranchissement, délivrance, liberté.

Cagot (hypocrite). *Voyez* le mot *Bigot*.

Cahier. Dénote réussite et comptes faits.

Cahot. Indice des peines de la vie.

Cailles (en voir). Signifie embarras, mauvaises nouvelles.

Cailloux. Tribulations à vaincre.

Caisses. Vous réussirez dans tous vos projets, si elles sont pleines, mais (vides) elles signifient le contraire. — (de fer) Querelle d'intérêt — (de cuivre) Procès—(de bois) Encouragement.

Caissier. Un ami vous aidera sur ses épargnes.

Calamité. Le rêveur sera deux fois veuf.

Calandre. Vous serez victime d'une escroquerie.

Calandreur. Un ami ou parent causera votre ruine.

Calciner. Franchise, amitié, accord en famille.

Calèche. Héritage, prospérité inattendue.

Caleçon (blanc). Bonne conduite — (sale) Dissipation.

Calendrier. Constance conjugale.

Calfeutrer. Méprisez le mal qu'on dit de vous s'il est faux.

Calice. Dénote qu'il faut de la vie supporter l'amertume.

Calicot. Jeune intrigant, qui se pose en rival.

Califourchon (à). Dénote que votre prospérité balance.

Calomnie. Signifie triomphe, réussite.

Calotte. Dénote, ainsi qu'un soufflet, une mauvaise affaire.

Calquer. Créez, en spéculation ne copiez pas.

Calus. Ce rêve signifie qu'il faut adoucir son cœur.

Camail. Dissimulation, fausseté.

Camarade. Synonyme d'ami *Voyez* ce mot.

Cambouis. Qu'une nouvelle conduite efface vos torts.

Camelot (étoffe). Misère, travail pénible, petit gain — (camelot, marchand ambulant) Loyauté, franchise.

Camion (haquet). Grande réussite commerciale.

Camp (songer être dans un). Signifie piège — (le voir simplement) Embûches de la part de l'ennemi.

Campagne (Songer habiter la). Dénote persécution pour des biens — (la voir aride et desséchée) Maladie — (avec bois) Union mal assortie.

Canal ou canaux. Mariage à l'étranger.

Canapé. Intrigue, feinte, mensonge.

Canards. Médisance, lettre anonyme.

Cancer. Ennemi dans vos clients.

Canelle. Vous trouverez de l'argent sous peu.

Canevas (toile). Trame ourdie contre le songeur.

Canif. Brouille de famille, caquets.

Cannes. Querelle, fourberie préjudiciable au rêveur — (à sucre) Sensualité, astuce d'une intrigante — (fabricant de) Homme dangereux et querelleur.

Canne (oiseau). Prochain et lointain voyage — (armée) Mauvaise fréquentation.

Canons (en entendre un). Signifie étonnement, désastre prochain — (en tirer un) Victoire, réussite.

Canonnier. Voyez *Artilleur*.

Canotiers. Honnêtes plaisirs, joyeuse vie.

Canule. Maladie de poitrine.

Cantiques (en chanter). Signifie infirmités — (en entendre) Joie, inspiration céleste.

Capillaire. Langueur, misère.

Capitaine. Élévation, courage, bravoure.

Capitane. Voyage sur mer, émigration.

Capitation (impôts). Gêne momentanée.

Caporal. Dénote au songeur son peu de capacité.

Capote. Agacerie féminine, bouderie.

Câpres. Signe non équivoque de mort prématurée.

Captif (esclave). Espérance, larmes, résignation.

Capuchons. N'affichez pas vos défauts au grand jour.

Capucins. Réconciliation de parents désunis — (capucine) Amour divin — (capucines fleurs) Douce joie.

Caput (tête morte). Vous serez victime de votre bavardage.

Caquet (babil). Bonne renommée vaut mieux que ceinture dorée.

Carabinier. Courage dans le danger.

Carafe. Privations, pénurie.

Carafon. Incontinence, dépenses folles.

Carcan. Les gens de bien vous condamnent.

Carcasse. Votre existence s'achèvera bientôt.

Carder. Le résultat payera vos peines.

Cardes (de peigneur). Voyages incessants — (en fer) Faiblesse — (en acier) Bonne renommée.

Cardeur. Gaieté, prospérité, famille, courage.

Cardinal. Dignité, honneurs mérités.

Cardon. Vanité, imposture.

Caresser. Seul bonheur des âmes nobles.

Caresses. Jouissances calmes et honnêtes.

Carillon de cloches. Beaucoup de bruit peu de besogne — (faire carillon) Mériter le dédain.

Carnage. Perte sensible dans sa famille.

Carnaval. Déconsidération pour cause d'inconduite.

Carrosse public. *Voyez* Voiture ou Calèche.

Carottes. Mensonges, escroquerie, astuce.

Carpes (vives). Faiblesse de complexion — (frites) Maladie de poitrine, lente agonie.

Carreau (parquet). Calme, bonheur domestique — (vitre) Faites que vos actions soient estimées au grand jour.

Carrière (mine). Défauts cachés — (à ciel ouvert) Espoir, élévation de l'âme, bonheur à l'ouvrage.

Carriole. Vous ferez bientôt une partie de campagne.

Cartel (proposer un). Signifie méchanceté — (en recevoir un) Dénote raccommodement avec un ennemi.

Cartes à jouer. Songer qu'on joue aux cartes, signifie qu'on est en danger de perdre son bien par embûche de quelque méchant.

(*Nota*). Comme il se trouve généralement dans le jeu du songeur une ou plusieurs cartes frappant plus particulièrement son imagination, et rendant, par cela même, la traduction littérale du songe impossible aux personnes étrangères aux connaissances cartomanciennes, nous allons ici, suivant la méthode des sibylles, analyser le plus laconiquement possible la signification partielle des trente-deux cartes d'un jeu de piquet ordinaire. Savoir :

CARREAUX. *Le Roi*, signifie amitié et mariage s'il est suivi de la dame ; *renversé*, difficultés.

La Dame. Signifie femme blonde de la campagne, médisante et cancanière ; *renversée*, c'est contre le songeur qu'elle agit.

Le Valet. Dénote un militaire, un courrier, facteur ou postillon apportant des nouvelles ; *renversé*, elles vous seront favorables.

L'As. Lettre ou nouvelles dans quelques jours.

Le Dix. Dénote la campagne, grande joie et changement de position.

Le Neuf. Retard pour les affaires intéressant le songeur.

Le Huit. Signifie un jeune homme de commerce ou d'affaires s'intéressant à celles du songeur.

Le Sept. Bonnes nouvelles et réussite dans vos entreprises.

LES CŒURS. Le *Roi* dénote un homme d'affaires, obligeant pour vous ; *renversé*, il agit contrairement.

La Dame. Femme honnête, franche et loyale, dévouée au songeur ; *renversée*, elle s'oppose à une inclination d'amour.

Le Valet. Jeune homme éloigné, assez généralement un militaire bon et serviable qui doit à son prochain retour être de la famille; *renversé*, il sera cause de trouble dans votre intérieur.

L'As. Signifie joie, contentement, festin.

Le Dix. Surprise par une personne dévouée aux intérêts du songeur.

Le Neuf. Dénote concorde, contentement, et réunion de famille dans quelques jours.

Le Huit. Annonce aux gens mariés les plus belles espérances sur le sort de leurs enfants, et aux célibataires la réalisation de leurs vœux.

Le Sept. Annonce à la personne qui a fait le songe, si elle est du sexe féminin, qu'elle n'enfantera que des enfants de son sexe; et si c'est un garçon qu'il épousera une demoiselle de condition.

Les Piques. Le *Roi*, annonce qu'un homme de loi, chargé de prononcer contre le songeur, soit comme poursuites, procès ou concordat de faillite, lui sera défavorable; *renversé*, cela amoindrira la sévérité de son verdict.

La Dame. Femme veuve, chagrine et embarrassée dans ses affaires; *renversée*, elle recherche en dépit des intérêts des siens à former une nouvelle alliance.

Le Valet annonce au songeur qu'il aura de grandes disgrâces; et même *renversé*, cela signifie emprisonnement; si le songe est fait par fille ou femme, cela lui annonce perfidie, inconstance et trahison de son ami de cœur.

L'As. Signifie vol, tristesse, trahison; et suivi des deux cartes sous-nommées, nouvelle mortuaire sous dix jours.

Le Dix. Signifie tout le mal de ses devancières. Ainsi donc si le songeur est un homme, et que dans son jeu il se trouve suivi du *roi* et de l'*as*, il lui prédit un emprisonnement certain; et pour une femme, maladies ou trahison de son plus intime.

Le Neuf. Dénote toujours retard en quelque affaire que ce soit, et si son confrère le *neuf* de carreau et l'*as* de *trèfle* se prennent à sa suite, l'on peut être certain qu'au lieu de retard il y aura ajournement complet.

Le Huit. Signifie, surtout à côté d'une figure quelconque, ou suivi du *sept* de carreau, mauvaises nouvelles, disgrâce, grève ou perte d'emploi.

Le Sept. Signifie tourment, médisance, querelles; mais le voisinage d'une carte en cœur fait tourner tout son mal en bien.

LES TRÈFLES. Le *Roi* dénote et représente un homme philanthrope, équitable et juste qui emploie tout son crédit au profit du songeur; mais s'il est *renversé*, malgré son bon vouloir, toutes ses démarches demeurent sans résultat.

La Dame. Signifie une femme brune et rivale; près d'un *roi* ou d'un *valet* auquel le songeur peut parmi ses connaissances trouver une application, alors elle signifie préférence et fidélité pour cette personne; est-elle auprès d'une *dame*, le songeur est le préféré; si elle est *renversée*, elle dénote que loin de le payer de retour c'est une méchante, infidèle et jalouse.

Le Valet. Dénote un jeune homme de bonne famille amoureux; s'il est à côté d'une dame, il réussira; mais si près de lui est le *valet* de cœur, il perd son temps, ce rival le supplantera; s'il se trouve renversé, les parents de sa future l'agréant, les siens s'y opposeront.

L'As. Se présente comme la meilleure carte du jeu si l'*as* de carreau et le sept de *trèfle* l'accompagnent; car alors il signifie au songeur, gain, profit, grande réussite, remboursement, prospérité commerciale, etc.

Le Dix. Signifie gain, prospérité, grande chance, suivi du *neuf* de carreau, il y aura retard ; et si c'est le *neuf* de pique ennui, manquement et perte de procès.

Le Neuf. Signifie grande réussite en amour, si le songeur est fille ou garçon; aux gens veufs, il ne ment jamais en leur prédisant de nouveaux liens.

Le Huit. Signifie que toutes démarches dans l'intérêt du songeur seront couronnées d'un plein succès.

Le Sept. Dénote un amour timide, mais suivi du *sept* de carreau et du *neuf* de trèfle, il change sa prédiction et garantit au songeur les plus grandes réussites dans ses affaires, que viendra indubitablement couronner un héritage imprévu.

 Avis. Ce dernier article, sur les songes concernant les cartes, et qui ne se trouve dans aucun ouvrage de ce genre, est extrait d'un ouvrage posthume de la nouvelle sibylle de la rue de Tournon, à Paris, et nous sommes heureux d'avoir pu l'offrir les premiers à nos lecteurs ; et afin de leur complaire entièrement, nous allons ajouter ici un feuillet du même auteur sur *les jours heureux et malheureux de la lune*, n'ayant aucun rapport comme usage à celui que nous plaçons en tête de cet ouvrage. Le songeur trop maltraité par un premier arrêt du destin, y pourra interjeter appel, et prenant, à la date du jour anniversaire de sa naissance, l'âge de la lune, il consultera ce tableau.

JOURS HEUREUX ET MALHEUREUX DE LA LUNE
SUR L'EXPOSITION ET LA SIGNIFICATION DES SONGES,
Concordés aux jours anniversaires de naissance.

Le 1er jour de la lune, rêves heureux.

— 2e Faux rêve.

— 3e Il n'aura aucun effet.

— 4e Il sera heureux.

— 5e Il n'aura aucun effet.

— 6e Ne le révélez à personne.

— 7e Il n'aura aucun effet.

— 8e Votre rêve aura son effet.

— 9e Vous en verrez l'effet de suite.

— 10e Il s'effectuera avec joie.

— 11e Vous en verrez l'effet.

— 12e Le rêve sera tout opposé.

— 13e Ce que vous aurez rêvé sera vrai.

Le 14e Il arrivera longtemps après.

— 15e Vous en verrez l'effet.

— 16e Ce que vous rêverez sera bon.

— 17e Ne le révélez que le troisième jour.

— 18e Il en écartera l'effet.

— 19e Grande joie.

— 20e Vous en verrez l'effet dans quatre jours.

— 21e Il n'aura aucun effet.

— 22e L'effet dans quelques jours.

— 23e Sous peu vous en verrez l'effet.

Le 24° Donnera beaucoup de satisfaction.

— 25° Vous en verrez l'effet dans neuf jours.

— 26° Il vous sera utile.

Le 27° Il vous amènera la joie.

— 28° Il sera véritable.

— 29° Votre rêve sera heureux.

— 30° Il s'effectuera de suite.

NOTA. — Les jours et âge de la lune se trouvent dans tous les calendriers et almanachs; si, en consultant ce tableau, le destin semble plus favorable à vos vœux, n'en négligez pas pour cela le premier avis, quoique plus sévère, il est souvent meilleur, suivant cet axiome: *qui aime bien, châtie bien.*

Après avoir interrompu, bien qu'avec urgence, notre nomenclature alphabétique et explicative des songes, nous y revenons, en ajoutant à l'article Cartes, les suivants:

Cartes (blanches). Signifie pureté de sentiment, estime. —(de visites). Indiscrétion, secret dévoilé.—(d'adresse). Vous serez incontestablement dupé par vos plus intimes.

Cartier. Mauvais pourvoyeur, homme à fuir.

Carton. L'industrie fera la joie de vos vieux ans.

Cartonnier. Existence bien remplie, heureuse fin.

Cartouche. Victoire. — (de monnaie). Gaîté, réunion.

Casaquin (de quelque nature qu'il soit). Mauvais augure.

Cascade. Après avoir enduré mille maux, vous triompherez.

Caserne. *Voyez* les mots ayant trait à l'art militaire.

Casseur (de bois). Fatigue.—(de fer). Profit.—(de terre). Misère.

Cassis. Maladie sanguine, sombre affliction.

Castor. Industrie, travail incessant.

Catafalque. Songe qui vous rappelle votre mortalité.

Catalogue (quel qu'il soit). Bon conseil, avis sages à recueillir.

Catarrhe. Croup, angine couenneuse, mort.

Catacombes. Trésor enfoui que vous découvrirez.

Cataplasme. Santé vive et robuste sera votre lot.

Catéchisme. Que vos paroles et vos actes soient un enseignement moral.

Cathédrale. *Voyez* au mot *Eglise.*

Cavalcade. Amour sensuel, union mal assortie.

Cavalier (en voir un sur son cheval). Signifie célérité, promptitude, réussite dans les affaires. — (être). Bravoure, honneur, intrépidité.

Cave ou cellier. Songer être dans une cave est le pronostic de maux prochains.— (à vin). Heureuses affaires. — (de pierres). Entreprise avantageuse. — (de terre). Grands malheurs mérités.

Caverne (voir ou être dans une caverne). Inquiétude, appréhension.

Cauchemar (avoir le). Infidélité de femmes.

Caution. Rendez-vous digne d'une protection qui vous arrive.

Cidre. Persévérez, votre vieillesse sera longue et fortunée.

Cédule (billet). *Voyez* le mot *Billet.*

Ceinture. Liens d'amour, heureuse union.

Ceinturon. Elévation en grade d'un militaire.

Céleri. Infidélités, mauvais penchant.

Célibataire. Vous vous marierez plusieurs fois.

Cendres. Rendez jaloux les méchants par votre humilité.

Cens (rentes). Misère non méritée, spéculations malheureuses.

Centenaire. Un héritage est sur le point de vous échoir.

Centimes. Insuffisance. (Centaine). Nombre heureux.

Cerceaux. Ne sortez pas de votre sphère, ou tremblez.

Cercle. Résistance vaine. —(en or). Succession prochaine. — (en argent). Escroquerie, banqueroute frauduleuse. —(en fer). Honnête et fructueuse industrie. — (de tonneau). Les spiritueux creusent votre tombe.

Cercler. Jeune et vieux, mariage d'intérêt.

Cercueil ou bière (en voir un). Maladie, affliction.

Cérémonies (en jour). Triomphe.—(de nuit). Déshonneur.

Cerf (songer en voir un). Signifie expédition dans ses entreprises. — (en tuer un). Héritage, victoire. —(plusieurs). Augmentation de famille. — (cerf-volant) Elévation qui sera suivie d'une chute terrible.

Cerfeuil. Fortune et pauvreté, riche alliance.

Cerises (en voir). Dénote santé robuste. — (en manger). Joie et plaisir. — (pas mûres). Affliction.

Cerneaux. Trompeuse attente.

Cerveau (y souffrir). Projet qui sera couronné de succès.

Cervelas (cru). Maladie. — (cuit). Santé, réussite.

Cervelle (malade). Mauvais penchant.

Céruse (blanc de). Empoisonnement, mort.

Chagrin, douleur (au réveil). Joie, bonne nouvelle. — (reliure). Mélancolie, regrets mortuaires, pleurs.

Chaîne (en porter). Tristesse. — (les briser). Joie.

Chair (crue). Plaisir des sens. — (cuite). Sobriété, économie.

Chaise (de ménage). Douces joies. — (de promenade). Futilités. — (de luxe). Fortune imprévue. — (d'église). Mort.

Châle. Accords, fiançailles, prochaine union.

Chaleur. Revers de fortune, faillite.

Chambre (vide). Chagrin, peine. — (occupée). Amourette. — (luxueuse). Intrigue. — (d'hôtel). Déplacement, voyage.

Chambrette (de fille). Gaieté. — (de garçon). Dissipation, folie.

Chameau. Fortune, patience, prospérité.

Chamoiseur. Malheur provenant d'une calomnie.

Champignons (en voir, en manger ou en cueillir). Longue vie.

Champ (de bataille). *Voir* ce mot. — (de blé). Richesse. — (de lin). Économie. — (de fruit). Abondance. — (clos). Mort.

Chancelier. Haute dignité, grandeur d'âme.

Chancre. Peste, épidémie, mort, longue agonie.

Chandelle. Avertissement familier, bonne nouvelle.

Chandelier (d'or). Bal, festin, grande réception. — (d'argent). Cérémonies religieuses, naissances, mariage. — (de bois). Mort. — (de ménage). Joies domestiques.

Change (actif). Pertes considérables, faillite imminente. — (passif). Cargaison riche et abondante à bon port.

Changement. La versatilité de l'humaine espèce est condamnée par ce songe.

Chanter (entendre des hommes). Espérances. — (des femmes). Larmes. — (des oiseaux). Amour, plaisir, joie.

Chanvre. Grands succès dans vos entreprises. Toutes les branches se classant dans cette spécialité sont d'un favorable augure pour le songeur.

Chape. Honneurs et dignités ecclésiastiques.

Chapeau. Respect, hommages flatteurs.

Chapelain. *Voyez* au mot *Prêtre*.

Chapelet. Habitude honnête, bonnes mœurs.

Chapelier. Vous avez pour rival un ami qui vous trompe.

Chapelle (y entrer et prier). Signifie amour de Dieu, humilité, contrition. *Voyez Église*.

Chapon. Un intrigant vous mettra sur la paille.

Chaponneur. Vous serez victime d'une indiscrétion.

Char. Ambition dont vous subirez les suites.

Charbon (en voir embrasé). Signifie humiliation, réprimande.—(éteint). Malheur inévitable.

Charcutier. Vous possédez l'estime de vos concitoyens.

Chardon (songer en être piqué). Signifie dommage, insulte. — (en couper). Disette. — (en grand nombre). Paresse, nonchalance, repos coupable.

Chardonneret. Dangereux voisinage, caquet.

Charge (fardeau). Dénote une grande aptitude dans son métier.—(charge, emploi). Hommages, dignités.

Chargement. Vos mauvaises affaires touchent à leur terme.

Chariot. Travail pénible, mais fructueux au songeur.— (de vins). Inconduite.

Charité. *Voyez* au mot *Aumône*.

Charlatan. Plaisirs passagers. (sur place). Convoitise du bien prochain, habitude nuisible.

Charmante (gale). Bonne réussite.—(dame). Amourettes

Charme (sort). Superstition, fanatisme.

Charmille. Doux entretien, joie.

Charogne. Songe du plus mauvais augure.

Charpentier. Naissance d'un fils, grossesse.

Charpie. Vous serez avant peu atteint d'une maladie qui vous mettra aux portes de la tombe.

Charrette (songer qu'on en descend). Signifie honte, déshonneur. — En traîner une, peine, servitude. — (Qui se brise), malheur de courte durée.

Charretier (roulier). Caractère irascible et méchant.

Charrue (en voir une en fonctions) Signifie espérance. — (La diriger), heureuse entreprise, soin récompensé.

Charron. Vos affaires sont en voie de réussir.

Charte. Vous êtes perdu si vous manquez à vos traités.

Chasse (songer y être). Signifie fausses imputations d'escroquerie. — (En revenir chargé de gibier) bonheur, profit. — (Y être blessé,) soupçon, guet-apens.

Chasser (renvoyer). Celui qui vous a déplu est brave et bon.

Chasseur (irrésolution). Profits et pertes balancés.

Chassis, chassieux. Vous apprendrez des choses déplaisantes.

Châssis (ouverture). Regrets superflus, sottises. Tremblez.

Chat. Songer voir un chat signifie trahison de proche parent. — Endormi, signifie petite réussite. — Furieux, dénote que vous serez l'objet d'une attaque. — Blanc, méchant ami. — Noir, ruse de femme. — Huant, présage des plus mauvais. — Miaulant, funérailles. — Doux et caressant, guet-apens.

Châtaignes. (Voyez *Marrons*.)

Châtaigniers. Grande chance que la misère abattra.

Châteaux (en avoir un). Signifie espérance, bonne fortune.

Châtelain. Protection puissante.

Châtier. Le sort vous protége, espérez en lui.

Châtiment. Déshonneur dans votre famille.

Chatouillement. Courte joie, plaisirs éphémères.

Châtré. Méfiez-vous d'un adulateur qui vous obsède.

Chaud (chaleur). Rejetez avec feu tous les mauvais avis.

Chaudière. Encouragement industriel.

Chaudron. Dans les arts utiles placez votre espérance.

Chaudronnier. Un homme de campagne vous servira.

Chauffe-pieds. Ce songe est d'un mauvais augure.

Chaufferette. Votre crédit se perd de jour en jour, et vous ne le recouvrerez qu'en étant plus circonspect. — (de bois), lourd et pénible travail, et pourtant petit gain. — (de terre), vente en plein vent. — (petite), inclination mal placée, la personne le démérite.

Chaume, chaumière. Soyez pauvre, mais restez honnête.

Chausser. Dépenses bien coordonnées à votre gain.

Chausses. Vous placez trop bas l'estime de vous-même.

Chaussée (digue). La voir rompre, danger surmonté.

Chaussons. Misère non méritée ; prenez courage.

Chaussure (songer en avoir une élégante). Signifie distinction et profit ; le contraire si elle est mauvaise, elle dénote misère et humiliation. — Trop étroite, rupture, cancanerie.

Chauve (être). Mauvais augure.

Chauve-souris (en voir). Signifie attaque à la nuit, mort. — En tuer, chagrins, souffrances.

Chaux (vive). Nobles sentiments. — (éteinte), égarement.

Chef (tête). Méritez que sur la vôtre le destin répande ses plus doux dons.

Cheminées (voir le feu dedans). Dénote joie. — (Y monter et y voir monter, profit, doux avenir.

Chemise (avoir une bonne). Pauvreté. — (Une mauvaise), richesse. — (L'ôter), espérance déçue. — (Fabrique de), bonne fortune, joie et profit.

Chêne (arbre). En voir un fort et élevé signifie courage et longue vie. — (Y monter), énergie. — (Planche de), détresse, maladie, mort.

Chenêts. Humilité, bonheur et mœurs rustiques.

Chemins (de fer). Danger en voyage. — (Vicinal), en dépit des envieux, sachez surmonter tous les obstacles, et la réussite vous récompensera.

Chenilles. Eloignez de votre société les gens cauteleux.

Chercher (une chose ou un objet). Négligence, inconduite.

Cherté (de vivres). Travail fructueux, redoublement d'ardeur.

Cheval (en voir un), Bon présage.—(Courir), expédition d'affaires. — (Le monter, s'il est ombrageux), courage. —(En descendre), souhaits accomplis.—(Noir), tristesse, deuil.—(Blanc), puissant protecteur.—(Roux), plaisir, joie.—(Pie), luxe et richesse.—(Bai), bonnes fortunes. —(Courir), grande réussite.—(Monté), promenade élégante. — (A l'écurie), heureux augure. — (Echappé), danger imminent.—(A la charrue ou autres travaux de fatigue), succès dans tous ses projets.—Ayant le mors aux dents, colère qui vous victimera. — (Mort), perte d'une personne adorée.—(Arabe), long voyage. —(Richement harnaché), affaire d'intérêt en bonne voie. — (De guerre), querelle, dispute, procès.

Chevalier. Courtoisie, amour facile, intrigues.

Chevau-léger. Le militaire est galant, mais peu constant.

Chevaux (marins). Naufrage dans un voyage lointain.

Chevet (de lit.) Une terrible maladie dévorera vos économies.

Chevreau. Ce songe vous commande une excessive prudence.

Cheveux (les voir bien peignés). Accomplissement d'une bonne affaire. — (En désordre), embarras. — (Noirs), tristesse.—(Blonds), joie, amour platonique.—(Roux), profit.—(Châtains), satisfaction intime.—(Blancs), amitié constante.—(Longs), plaisirs passagers.—(Crépus), décès de parents ou amis. — (Les voir couper, tomber ou arracher), dénote dommage, malheur.

Moyen de connaître les inclinations des hommes ou des femmes par leurs cheveux.

L'homme ou la femme qui est plein de cheveux blonds, fins, doux à manier, et les paupières qui ressemblent à un arc qui s'élève en haut en clignant, marque un naturel superbe, violent, orgueilleux, merveilleux, hardi, menaçant et curieux de belles choses, adroit à tout.

L'homme ou la femme qui a les cheveux noirs et le sourcil épais, est capable de venir à bout de ses entreprises ; plus fort à faire du bien que du mal, prêt à rendre service, laborieux et secret ; il est heureux.

L'homme ou la femme qui a les cheveux blanchâtres, mêlés d'une teinte azurée, et les yeux enfoncés dans leur orbite, dont la vue est étendue et longue, est soupçonneux, méchant, emporté, de mauvaises mœurs, beaucoup de mémoire et est hardi.

L'homme ou la femme qui a les cheveux d'une couleur commune et le front fort petit de tous côtés, a beaucoup d'esprit et de jugement, est hardi, propre à faire du mal, courageux, curieux de belles choses et aime les honneurs.

L'homme ou la femme qui a les cheveux roux, le front saillant, proche des tempes, marque être curieux, malin, trompeur, superbe, médisant, orgueilleux, changeant, faible en toutes choses, simple et de peu de jugement.

L'homme ou la femme qui a les cheveux châtains, le front large, grand de tous côtés, un peu rond, nu, sans poil, marque de courage, un esprit agréable, aimant les biens, le repos, rusé, méchant, hardi, fort sujet à se fâcher.

L'homme ou la femme qui a les cheveux presque blanchâtres et le front plissé, est chicaneur, superbe, sujet à la luxure, inconstant, grand parleur, astucieux, plus simple que sage.

Chevreuils. Voyez le mot *Cerfs.*

Chèvrefeuille. Liens d'amour, prochain mariage.

Chèvre (blanche), Joie éphémère. — (Noire), inconstance, ruses et perfidies féminines.

Chicane. Qui gagne perd en procédure. Corrigez-vous.

Chicorée. Tromperie, astuce, moyens frauduleux ; voilà où vous voulez conduire ceux qui vous y guident.

Chien (voir un) ; dénote amitié constante ; en (posséder un) surveillance ; (en voir un noir), tromperie ; (un blanc), bonheur futur ; (caniche), courage, affection intime ;

(terre-neuve), dévouement ; (voir plusieurs chiens se battre), bavardages, caquets ; (aboyant), avertissement de se tenir sur ses gardes ; (enragé), mauvais présage, deuil ; (de chasse), sécurité ; (levrier), dévouement à l'épreuve ; (en général), sincérité, attachement.

Cimon, fils de Miltiade, au moment de prendre le commandement de l'armée, vit en songe une lice fort en colère, aboyant contre lui, et qui, prenant une voix humaine, lui dit : *Viens, car tu nous feras plaisir à moi et à mes petits.*

Un habile devin, grand interprète des songes, lui déclara que cette vision lui prédisait sa mort.

(*Plutarque*, à l'article *Cimon*.)

Chiffons. Cancans d'amourettes entre fillettes.

Chiffonniers. Mauvaises relations, connaisssances sordides.

Chiffres ou chiffrer. Songer que l'on fait des calculs, signifie que l'on apprendra quelques nouvelles ; si l'on y reconnaît une erreur, tromperie de la part de ses ennemis ; en grand nombre, avarice, usure.

Chimie. Si le commerce vous est peu fructueux, ne désespérez pas.

Chine, chinois. Vous ferez un long voyage et vous en souffrirez.

Chiourme (bagne). Que l'adversité soit pour vous une école.

Chirurgie. Maladie chronique.

Chirurgien. Le malade qui vous intéresse va se rétablir.

Choc (coup). Perte d'une personne qui vous touche.

Chocolat. Songer en boire, santé ; en apprêter, jouissance.

Chocolatier. Santé affaiblie, excès condamnables.

Choléra. Vous apprendrez une mort prématurée sous peu.

Chœur (chant). Folie, insouciance.

Chœur (d'église). En Dieu mettez votre espérance.

Choix ou choisir. Ordre, économie, bonne gestion.

Chopine. Voyez *Ivrogne.*

Choses (extraordinaires). Choisissez pour fréquentation les gens simples et loyaux ; (uniformes), économie, succès ; (neuves), accidents, peines ; (usées), travail, économie.

Chouette dénote ennui et tristesse, mort d'un parent.

Choucroute signifie travail pénible, parcimonie.

Choux. En manger signifie mélancolie ; (bâtards), grande réussite en affaires ; (blancs), prochaine union ; (verts), vous réussirez dans vos projets ; (fleurs), nouvelles d'un parent loin de la ville ; (noirs), maladie, perte.

Chute. Voyez les mots *Tomber* et *Blessures.*

Ciboire (vase sacré). Redoublez vos pratiques de religion.

Ciboules. Satyres, amertume.

Cicatrices. Fermées, convalescence ; ouvertes, profit, joie.

Cidre. En boire signifie échauffement du sang, dispute.

Ciel. Le voir clair et sans nuages signifie union prochaine, joie, espérance ; (y monter), c'est grand honneur. (Le voir en feu), signe de guerre ; (de lit), jeunesse et santé.

Cierge. Naissance prochaine dans votre famille.

Cigale. Songer les entendre chanter c'est mauvais signe ; pour les malades, en général, elle dénote perte et malheur.

Cigare. Allumé, un bon accueil vous sera donné ; éteint, vous serez bientôt victime de votre entêtement.

Cigogne. Songer en voir signifie danger imminent ; (accouplées) heureuse union, bon ménage.

Ciguë. Une mort violente vous menace.

Cils. Les voir tomber, maladie ; les avoir forts, persécution.

Cilice. Votre inconduite vous causera une grande gêne.

Ciment. Assurances dans vos projets d'avenir.

Cimetière (songer être dans un), signifie prospérité à venir ; (y manquer de décence), grandes calamités ; (y prier, convalescence d'un ami malade.

Circoncision. Prenez soin de vos intérêts plus que jamais.

Circonspection. Ce songe vous engage d'être prudent.

Cire ou cirer. Réparation, justice.

Cire blanche. Noces, festin, réunion ; (rouge), vente d'immeubles; (jaune), enterrements, pompes funèbres; (brune), aventure nocturne qui sera pénible ; (fabrique de) entremetteur d'affaires dont il faut vous méfier.

Ciseaux. Brouille, dispute, séparation.

Citadelle. Nouvelles d'un exilé ou d'un militaire.

Citation. Perte de procès par nonchalance.

Citerne. Songer en voir une signifie calomnie; (y tomber), agitation d'esprit.

Citron. De vives contrariétés vous viendront d'un ami.

Citronnelle. Ce songe ne pronostique rien de bon.

Citrouille signifie prochaine succession.

Civet. Un coup de fourchette terminera ce qui vous tracasse.

Civette. Heureuse longévité.

Claie (être traîné sur une). Emprisonnement prochain ; (à insectes), collection fructueuse, gain.

Clair (temps). Heureux résultat en affaires ; (de lune), tristesse.

Clairon. Vous recevrez bientôt une lettre de l'armée.

Clavecin. *Voyez* le mot *Piano.*

Clavette. Heureux présage, songe de bon augure.

Clef (quelle qu'elle soit) dénote fortune, chance et réussite.

Clerc (d'église), maladie; (d'étude), déplacement intéressé.

Clients. Songer à un ou plusieurs, signature en défaveur.

Clientèle (rêver à sa). Succès dans le commerce.

Cliquette. Un mauvais propos sera tenu sur vous.

Cligne-musette. Vous recevrez dans quelques jours une nouvelle.

Clystère. Une maladie d'un de vos proches vous causera de grands chagrins.

Cloaque (mare, eau stagnante). Signifie perte d'argent.

Cloches (les entendre). Dénote joie ou tristesse suivant que l'esprit est disposé; (les sonner), signifie trahison.

Clocher. Signifie grandeur, élévation, fortune.

Clochette. Médisance, calomnie, caquets.

Cloison. Division entre intimes, parents ou amis.

Cloître (Songer être dans un). Solitude, éloignement, ennui.

Clôture. Mettez au plus vite fin à vos recherches.

Clous (Avoir des). Arrêtez-vous au point où vous avez mené vos affaires.

Secret contre les furoncles ou clous, petits abcès assez communs et contagieux.

Appliquez dessus de l'oseille fricassée avec du beurre frais, ou cuite sous les cendres chaudes, et enveloppée dans une feuille de poirée, ou du plantain pilé avec de l'huile de lis, ou du levain et du vieux oing ensemble et en parties égales.

Clouterie. Remboursement imprévu, mauvais débiteurs.

Cloutier. Un homme d'âge s'efforce à vous compromettre.

Cocarde (Songer que l'on porte une). Amour de son pays.

Coche (Voir un). Engourdissement, mélancolie.

Cocher (bourgeois). Visite d'un protecteur.—(De fiacre ou autre voiture publique), apprêtez-vous à de longues courses.

Cochons (En voir). Signifie mauvaises sociétés. — (En avoir), mœurs dépravées, perte de l'estime d'autrui.

Cocons (élever des) succès rapides, (en vendre) dissipations, (en acheter) crise commerciale momentanée.

Cœur. Tous les songes s'y rapportant sont applicables.

Coiffer (quelqu'un) concurrence qui vous sera nuisible.

Coiffure (songer en porter une élégante) grandeur, opulence, (l'avoir de travers) caquets, tribulations.

Coffre (bien garni) pauvreté, (vide) richesse.

Coin (de telle ou telle chose) embarras, déceptions.

Coings (fruits). Ce songe vous promet de grands biens.

Col ou collet. Arrestation, emprisonnement préventif.

Colère. Tout ce qui a trait à ce vice est d'un funeste présage.

Colline (coteaux). Intrigue provenant de la campagne.

Collimaçon. Grand retard, couardise.

Collin-Maillard. Affaire ténébreuse qui aura bonne fin.

Collation. Dans une prochaine réunion vous aurez de l'ennui.

Colle (de pâte). Dévouement. — (Forte), association. — (De poisson), voyage.

Collége. Vos enfants vous causeront de grandes traverses.

Collerette. Mettez un frein à votre coquetterie ou craignez.

Collier (Voir ou posséder un). Signifie richesse, honneur. — (D'or), succession. — (D'argent), perte prochaine. — (D'ambre), bénéfices dans le commerce. — (De corail), intrigues de femmes. — (De perles), raccommodement. — (De brillants), ruine.

Colombes (En voir). Dénote plaisirs domestiques, succès dans ses entreprises. — (En posséder), joie en sa maison.

Colombier (Voir un). Avortement. — (En posséder), deuil.

Colonel (Songer être ou voir un). Bonne et juste renommée.

Colonne (Monter au faîte d'une). Perte après grand profit.

Colosse (Rêver être ou voir un). Spéculation ruineuse.

Combat (Séparer des combattants). Signifie friponnerie par des parents. — (En voir un), inquiétudes motivées.

— (A l'arme blanche), *Voyez* ce mot. — (Au pugilat), mauvaises relations, contestations, blessures par imprudence.

Combinaison. Profitez de celle que vous suscitent vos rêves.

Comédie (Songer voir jouer la), Signifie satisfaction prochaine. — (La jouer soi-même), nouvelle fâcheuse.

Comédiens (Voir des). Méfiez-vous de vos encenseurs.

Comète (en voir une). Signifie discorde et peine.—(La voir tomber), Disette ou guerre, incendie, malheur.

Commandant (Être). Illusion mal fondée.

Commandement (Avoir un). Honneur, bon emploi, gain.

Commander (quelqu'un). Dénote ennui.

Commérage (caquet). L'on cherche à vous nuire.

Commères. Ne dévoilez pas vos projets, ils échoueraient.

Commerçant. Aisance et profit dans peu de temps.

Commerce (Faire du) tracas, ennui.

Commis (Avoir des). L'entreprise qui vous tourmente aura une issue favorable, mais il vous faut persévérer.

Commissionnaire, grande nouvelle, surprise.— (d'administration), réussite assurée.

Commode (Trouver tel objet ou chose). Association frauduleuse.

Commodité. Tout ce qui a trait à ce mot dénote chance.

Commun (Pâturage). Bonne chance pour l'avenir.

Communion (Faire sa). Avertissement de penser à Dieu.

Compagne (Rêver à sa). Trouble dans sa maison.

Compagnie (Être en). Dénote de prochaines dissensions.

Compagnons signifie dispute, coups, blessures, guet-apens.

Comparaître (devant un supérieur). Embûches dans vos projets.

Compas (tout ce qui a rapport à ce mot). Économie, justice.

Complainte (Entendre une). Heureux souvenir, gais instants.

Compliment. Par votre amitié vous réussirez sans cesse.

Compote. Maladie chronique, perte de temps.

Compère. Redoutez tous ceux qui vous offriront de vous en servir.

Compter (des valeurs). Déloyauté, faillite.

Compteur Vous serez bientôt arbitre dans une mauvaise cause.

Comptoir (encombré). Pénurie. — (Net), indisposition.

Comte. Tous les titres nobiliaires sont mauvais en songe.

Comtesse. Au mot précédent celui-ci n'appuie que plus.

Conception. Naissance d'un enfant qui vous enlève une succession.

Concert (Entendre un). Joie, consolation, santé. — (En faire partie), recouvrement de santé aux malades et joie de longue durée aux autres.

Concession. Bien-être très-prochain.

Concevoir. Encouragement, tutelle, bonne idée.

Concierge. *Voyez* au mot *Portier*.

Conciliation. Brouille dans votre parenté.

Conclave. Réunion d'actionnaires ou bailleurs de fonds.

Conclure (telle ou telle chose). Triomphe après des larmes.

Concombres. Méfiez-vous, on vous trompe.—(D'eau),votre incapacité et votre orgueil vous mènent à votre perte.

Concubinage. Scandale, dépravation, honte.

Condamnation. Vos ennemis seront impuissants à vous nuire.

Condamné. Votre renommée vous promet un heureux sort.

Condition, Servitude. Signifie abaissement, perte.

Conducteur (Être). Songe applicable avec réserve.

Conduite (Bonne). Réussite.—(Mauvaise), malheur prochain.

Conduire. Dénote que la sagesse ne doit pas s'éloigner de vous.

Confesseur. Heureux repentir qui sera fructueux.

Confession. Dénote que vous serez forcé d'avouer vos torts.

Confessionnal. Grand et immanquable profit.

Confier ou Confidence. Bavardage imprudent.

Confirmation. Récompense, bonne réputation.

Confits (Fruits). Economie, ressources pour la vieillesse.

Confiseur. Union conjugale qui sera malheureuse.

Confitures(Faire ou manger des). Dénote profit, bénéfices.

Confort. Remords, peine tardive.

Confrérie signifie santé, jouissance.

Confrère. Vos intérêts réclament tous vos soins.

Confusion. Dans vos descendants vous retrouverez vos défauts.

Congrès. Assemblée de vos dupes.

Connaissance. Injures, chagrins domestiques.

Conquête. Nouvelles tribulations dans votre maison.

Conscrit. Protection d'un inférieur sur qui vous ne comptiez pas.

Conseil. Ce songe vous avertit de suivre les bons qu'on vous donne.

Comique. Tâchez que les rieurs soient de votre côté.

Consistoire. Vous aurez une grande augmentation de fortune.

Consolation. De grands personnages vous accueilleront.

Consommer. Ne cherchez pas à contredire la raison.

Constance. Secrets dans lesquels vous saurez pénétrer.

Constipation. Vous réussirez dans le négoce.

Constipation habituelle des adultes, accès convulsifs des enfants lors de la dentition; pâles couleurs des filles. Remède excellent contre ces maux :

Prenez du sel de mars ou couperose verte mise devant le feu jusqu'à ce qu'elle devienne blanche, et ensuite réduite en poudre fine, 25 grammes, de la poudre de Jalap; du séné et de la crème de tartre, de chacune 25 grammes; battez-y 13 grammes de gingembre, douze gouttes d'huile chimique de clous de girofle et du sirop d'écorces d'orange autant qu'il en faut pour donner une consistance d'électuaire. On en donne aux enfants la grosseur d'un grain de café; aux plus jeunes un peu sur la pointe d'un couteau, et aux filles la grosseur d'une muscade, soir et matin, à jeun, pendant un mois, et les bien garantir contre le froid.

Conte, conter. Vous voyagerez avant peu avec profit.

Contentement. Vous prospérerez si vous n'êtes pas indiscret.

Contestations. Vous aurez des maladies, craignez les charlatans.

Contrariété. Perte d'immeubles par trop de confiance.

Contrat (de vente). Charges et dignité. (De mariage), vos vœux ne seront pas exaucés.

Contravention. Calomnie, médisances.

Contrebande. Spéculations malheureuses.

Contrebandier. Dans votre maison, larmes et ennuis.

Contre-cœur. Vous ferez d'autres songes à l'appui de celui-ci.

Contre-poison. Ne vous reposez pas trop aux promesses qui vous sont faites.

Contrevents. Que votre société soit toute de gens probes.

Contribution. Bonne réussite, renommée flatteuse.

Convalescence. Une riche succession va vous surprendre.

Convives. Brouille et désaccord prochains entre amis.

Convulsion. Guérison d'un ami ou parent malade.

Convulsionnaire. Attaque nocturne, vol dont vous serez la victime.

Copie (imitation). Prompte réussite.

Copiste. La concurrence vous gênera un instant.

Copeaux. Affaire de commerce en désarroi.

Coqs (en entendre chanter). Dénote allégresse. (En manger) chagrins. (En voir plusieurs) fortune prochaine.

Coquetterie (y songer). Signifie dissipation, vanité.

Coquelicot. Nouvelles d'une personne de la campagne.

Coqueluche. Convalescence d'un enfant en danger de mort.

Coquillage. Nouvelles intéressantes de l'étranger.

Coquins. Vous triompherez de ceux qui vous veulent nuire.

Cor (instrument). Intrigue d'amour, (d'harmonie) contentement, (de chasse) temps mal employé.

Corail. Fausse apparence, folle erreur.

Cors aux pieds. Séquestration, emprisonnement.

Remède simple et infaillible contre ce mal. — Faites cuire une gousse d'ail dans la braise ou cendre chaude et appliquez-là ainsi cuite sur le cor, ayant soin de l'y assujettir avec un linge ; on ne doit employer ce caustique qu'au moment où l'on se met au lit : il amollit tellement le cor, qu'il détache et enlève en deux ou trois jours le calus ou durillon, quelque invétéré qu'il soit ; ensuite on se lave le pied dans de l'eau tiède. En peu d'instants les peaux qui formaient la corne du cors s'enlèvent et laissent la place nette, à peu près comme si elle n'avait jamais été offensée d'aucun mal ; il est bon de renouveller ce remède deux ou trois fois dans vingt-quatre heures.

Corbeaux (en voir un). Signifie dommage. (Le voir voler sur ou vers soi) dénote péril. (En entendre croasser) signifie peine, mélancolie. (En voir en bande) dénote mort ou enterrement, mais que ce dernier présage soit tempéré chez vous par l'espoir en Dieu. Car, comme a dit Malherbe :

> La mort a des rigueurs à nulle autre pareilles.
> On a beau la prier,
> La cruelle qu'elle est se bouche les oreilles,
> Et nous laisse crier.
> Le pauvre en sa cabane où le chaume le couvre
> Est sujet à ses lois ;
> Et la garde qui veille aux barrières du Louvre
> N'en défend pas nos rois.

Corbeilles (en voir). Dénote marche rapide dans nos entreprises. (En avoir) économie, travail.

Corbillard (voir un). Maladie d'un proche. (Le guider) mort très-prochaine.

Corbillon. De petites pertes doivent vous avertir utilement.

Cordage. Protection d'un haut personnage, joie.

Cordes (de chanvre). Sûreté en affaires. (A boyau) longue vie. (Bridées) mauvais propos, brouille, rupture.

Cordeau. Mauvais voisin, projets malveillants.

Corderie. Cabinet d'un homme d'affaires.

Cordiers. Fréquentations à redouter, procès, chicane.

Cordière. Une femme serviable vous donnera de bons avis.

Cordon. *Voyez* plus haut le mot *Corde*.

Cordonnier. Grande infortune, misère, affliction.

Cornes (en porter). Jalousie. (Les voir à autrui) danger imminent.

Corneille (Voir une). Signifie réussite dans vos projets.

Cornet. Infidélité de femme si le rêve est fait par un homme, et le contraire pour l'autre sexe, jalousie.

Cornemuse. Affront public, médisance, dispute.

Cornette (coiffure de femme). Infidélité conjugale, querelle, séparation sans divorce.

Corniche. Vous augmenterez bientôt votre avoir.

Cornichons. Maladie pour le rêveur, insomnie.

Corps (d'homme). Courage, réussite. (De femme) bavardage. (De logis) peine et soucis dans sa maison. (De garde) revers imprévus. (D'animaux) mauvais présage.

Correcteur. Une personne plus puissante que vous vous ruinera bientôt.

Corridor. Ne vous plaignez pas de la lenteur de vos succès.

Corroyeur. Probité, labeur, bonnes mœurs.

Corsaire. Ne vous rebutez pas, le destin vous protége.

Corset. Union prochaine en pays étranger, grande joie.

Corsage (blanc). Sagesse, prudence. (De couleur) dissipation.

Cortége. Festin, réunion, raccommodement. (Funèbre) perte d'amis. (Politique) perte, crise commerciale.

Cosaques. Vous êtes menacé par vos proches d'aller en prison.

Côtes (d'animal). Usure. (Montagnes) joie, promenades. (Rivages) voyages outre-mer qui seront mauvais.

Coteaux, collines. Nouvelles de la campagne.

Cotillon, crinoline, etc. *Voyez* au mot *jupes* et *jupons*.

Coton (filé). Travail, profit. (Brut) chagrins domestiques. (En ouate) fausseté, mensonge, trahison.

Cou ou col (gras). Héritage. (Maigre) revers de fortune.

Coude. Protection retirée, ennuis, tracasserie.

Coucou (l'entendre chanter). Signifie trahison, infidélité conjugale. (Le tuer) triomphe sur un rival.

> Qu'heureux est le mortel qui, du monde ignoré,
> Vit content de soi-même en un coin retiré.

Couche. Voyez le mot *Enfantement*.

Coucher. Songer être couché avec une personne d'un autre sexe signifie empêchement à ses désirs. (Avec quelqu'un du même sexe), c'est contrariété. (Avec sa mère), cela dénote sûreté dans ses affaires. (Avec une libertine) réussite. (Avec une jolie femme) tromperie. (Avec sa sœur) voyage prochain. (Le mari avec sa femme, ou la femme avec son mari) joie, satisfaction, bonne harmonie.

Coudre (machine à). Perte de travail, misère, ruine.

Coudre (ou voir). Grande réussite, profit.

Couleur (quelconque). Bonne fortune, union favorable.

Couleuvres. *Voyez* le mot *Serpent*.

Couloir. Vous ne tarderez pas à réussir.

Coupes de bois. Vous n'épouserez pas une femme aimable.

Coup (de bâton). Peine, ennui. (De fleuret) *Voyez Armes blanches.* (De poing) peine passagère. (De pied) déshonneur public. (Par inadvertance) réparation des dommages que vous avez éprouvés.

Coupables (voir des). Vous vous disputerez avec vos voisins.

Couper. Dénote que vous serez tourné en ridicule par des femmes.

Couperet. Vous êtes aimé de personnes de votre sang, espoir !

Coupure (Voyez le mot *Blessure*).

Cour (tribunal). Procès. (Palais) persécution d'un grand personnage. (De maison) hospitalité. (Faire la) danger dont votre inclination vous menace.

Courage. Vous acquerrez dans peu le moyen de faire fortune.

Courge (de telle nature quelle soit). Dénote que vous avez fait des dépenses folles dans votre jeunesse ; vous êtes ami de vos rivaux et vous vous ferez aimer d'eux.

Coureur ou courrier. Gardez-vous de toute imprudence.

Courir (songer que l'on court). Espérance. (Voir *Maladie*.)

Couronne (Songer que l'on porte une). Signifie contentement, commandement, honneurs et don. (D'épines) travail. (D'or) grandes dignités, gloire. (D'argent) économie, probité. (De diamants) coquetterie, fausseté.

Couronnement (Voir un). Puissante tutelle.

Couronner (quelqu'un). Obliger un ingrat.

Course (si l'on songe courir avec vitesse). Cela dénote bonne fortune, (vouloir courir et ne pouvoir) signifie affliction en ses vieux jours, (à cheval) erreur, vanité, (en voiture) sévérité, ordre.

Courte-pointe. Douceur domestique, bon ménage.

Courtiers. Jactance, ambition, concurrence.

Courtisans. Bassesse, astuce, couardise.

Cousin (insecte). Médisance.—(Parent) prochain mariage.

Coussin. Perte de biens fonds.

Couteau (en voir un). Mauvais présage, (plusieurs) dispute.

Coutelas. Vengeance, coups, blessures.

Coutelier. Discorde, injustice, malveillance.

Couturière. Industrie peu productive, contentement de soi.

Couvent (de religieux). Humanité, bon accueil. — (de femme) Espérance en Dieu, consolation dans la peine.

Couvercle. Sécurité, discrétion, secret.

Couvert (de table). Envie, gourmandise, convoitise.

Couture. Ce songe dénote maladie, péril prochain et autres calamités pour le rêveur.

Couvreur. Le bien sera toujours tourné en mal par votre esprit.

Couvrir. Egoïste et rusé politique, vous n'êtes utile qu'à vous-même.

Crabe (cétacé). Allure dédaigneuse, insulte.

Crachat (cracher), adversité; (dignité, ordre), élévation.

Craie. Fausses apparences de vertu, mensonge.

Crainte (frayeur) caractère pusillanime, mais prudent.

Crampe. Un procès vous fera perdre un héritage direct.

Crâne. Vous aurez une maladie cérébrale bientôt.

Crapaud (en voir ou manier), signifie brouille d'amis et pauvreté; (en tuer) bonnes spéculations.

Craquelins. Dissipations, argent mal employé.

Cravache. Duel, querelles, dommages et intérêts.

Cravate ou col. Querelles dans votre maison.

Crayons. Bonnes notes, comptabilité scrupuleuse.

Créatures. Vous aurez beaucoup d'enfants, ils seront heureux.

Crèche. Vous pleurerez un premier né, qu'un second fera oublier.

Créancier (en recevoir la visite). Dénote fâcheuse nouvelle.

Créditer. Héritage prochain obtenu par subterfuge.

Crémaillère. Prochainement une réunion de famille se tiendra chez vous.

Crème (quelconque). Vous regagnerez votre considération perdue.

Crêpe. Banquet entre intimes à la nuit close.

Crépuscule. Attaque, guet-apens, meurtre.

Cresson. Santé, longévité, brillant avenir.

Crevasse (ouverture). Votre propriété foncière est menacée.

Crevettes (petits cétacés). Réjouissances par une voie d'outre-mer.

Creux (trou), salutaire augure : un péril vous menace.

Cribles. Vous allez apprendre qu'en tout l'excès est un défaut.

Crier (faire des cris), vous allez éprouver du chagrin mais il durera peu; (de joie), vous n'êtes pas heureux et vous vous étourdissez sur votre vie; (de crainte), la mort de vos proches sera prématurée, mais vous, vous aurez une longue vie.

Crime (commettre un). Disgrâce, avarie.

> Tantale dans les eaux a soif et ne peut boire.
> Tu ris, change le nom, la fable est ton histoire.

Criminels (songer voir des). Perte d'amis, inquiétude.

Cristaux. Vous aurez de bons amis, et deviendrez riche.

Croc ou **crochet.** Brutalité, mauvais caractère.

Crocheteur. Vous êtes un bourru bienfaisant.

Crocodille. Un ennemi puissant vous nuira en voyage.

Croisée (fenêtre). L'on publie partout vos excès, corrigez-vous.

Croix (songer voir une), signifie zèle pour la morale évangélique; (d'or), élévation ; (d'argent), récompense ; (de brillants), luxe immodéré, dépenses folles.

> L'or même à la laideur donne un teint de beauté,
> Mais tout devient affreux avec la pauvreté.   (Boileau.)

Croquer (différentes choses). Vos mauvais penchants vous victimeront.

Croquignolles. De votre mépris payez la haine des méchants.

Crosse. Vous recevrez la nouvelle d'une personne dans les ordres.

Crosser (satire). Vos mauvais propos tourneront contre vous-même.

Crotte (boue). Vous serez heureux en femme, moins la fortune.

Croupion. Vous perdrez tout, heureux si la prison vous échappe.

Croupi ou **Croupie.** *Voyez* au mot *Boue.*

Cruauté. Vous êtes colère, défiez-vous de ce funeste penchant.

Crucifix. Voyez le mot *Croix*.

Cruche (vase de terre). Vous éprouverez bien des chagrins si vous n'avez pas une excellente conduite. Persévérez.

Cruchon. Vous êtes menacé d'une banqueroute frauduleuse.

Cuillère (or, vermeil, argent, métal, bois ou fer). Vous serez sujet aux maladies épidémiques, vous perdrez vos biens, mais vous en gagnerez d'autres avec de grandes fatigues ; vous éprouverez de grandes épreuves durant le cours de votre vie.

Cuir (bouilli). Santé, joie, heureux ménage. — (Peau). Réussite avec persévérance, énergie et courage.

Cuirasse. Vous serez instruit et les insensés seront forcés de vous rendre justice.

Cuirassier (en voir un). Dénote force à la fatigue.

Cuisine (la voir faire). Calomnie, médisance. — (la faire) Économie, profit.

Cuisinier, Cuisinière. En peu de temps vous monterez aux places éminentes. — Vous deviendrez riche en dépit des envieux.

Cuisses. Honte publique.

Cuit, Cuite. Avarice, rapacité, usure.

Cuivre (objet de). (Jaune). Richesse. — (Rouge). Déception.

Culbute. Dans peu vous éprouverez de grandes pertes.

Culotte. Paix en ménage, calme constant.

Cultivateur. Soignez vos intérêts comme votre santé.

Culture. Vous aurez constamment du bonheur.

Cultiver. Vous avez et aurez toujours de mauvais serviteurs.

Cul-de-sac. On vous élèvera aux dignités.

Cul-de-jatte. Ruine, maladie, procès.

Cul-de-basse-fosse. Vous triompherez de tous les médisants.

Cumuler. Vous arriverez à une position plus haute ou plus aisée.

Cupidité. Vous mendierez votre pain sur la fin de vos jours.

Cupidon. Bagatelles, intrigues, folies amoureuses.

Curaçao. Vous deviendrez hypocrite et faux dévot.

Curateur. Piété filiale, tendresse paternelle.

> Un père est toujours père et malgré son courroux
> Quand il nous vient frapper, l'amour retient ses coups.

Curé. *Voyez* au mot *Abbé*. — Consolant augure.

Curiosité. Mauvaise fin pour le songeur.

Curieux. Cela dénote une fâcheuse nouvelle trop demandée.

Cuve. Vous allez avoir de grandes difficultés avant de réussir.

Cuvette. On vous tournera en ridicule, mais vous vous en layerez facilement.

Cuvier. Ordre, économie, bonheur conjugal, réussite.

Cygnes (en voir). Signifie grandeur, autorité, justice. — (Les entendre chanter). Mort prochaine.

Cymbales. Vous vous marierez dans l'année.

Cyprès (en voir). Affliction, mort prochaine.

Daims (songer en tuer). Triomphe sur ses ennemis.

Dais. Dignités, honneurs, profits.

Damas (étoffe). Perte. — (Arme blanche). Maladie, pénurie.

Dame (une ou plusieurs). Vous éprouverez des empêchements à des causes légitimes, par le fait de faux amis.

Damier et dame (jeu). Affliction, regret du temps perdu.

Damné. Vous aurez beaucoup de soucis d'esprit avant peu.

Damnation. Vous mangerez tout votre bien et celui des autres.

Danger. Dénote que vous serez encore longtemps infortuné.

Danse (songer danser agréablement). Amitié et bon succès dans ses entreprises. — (Voir danser). Infirmité.

Danseur, danseuse. Parfait contentement, joie.

Dard ou javelot. Mort, espérance, tromperie.

Dartres (songer être couvert de). Dénote que l'on acquerra de grandes richesses et un triomphe certain.

Date (époque). Vous avez une pensée utile, ne la révélez pas.

Datte (fruit). Plaisirs charnels, volupté, concupiscence.

Dauphin (poisson). Changez d'état, même de lieu pour votre bien.

Dés (songer qu'on joue aux), signifie qu'un malheur vous menace. — (A coudre), bonne fortune prochaine.

Débat. Voyez le mot *Querelle.*

Débauche. Ce songe vous rappelle à la continence.

Débiteurs. Votre signature est et sera toujours honorée.

Débordement (crue d'eau). Limitez vos passions, il n'est que temps.

Déboucher (dégager). Que la philanthropie soit votre guide.

Débris (quelconque). En voir, signifie gain inattendu.

Débutant. Tribulations, embûches.

Débuter. De grandes peines vous attendent, mais peu de profit.

Décence. Ce songe vous enseigne que vous perdez en y manquant.

Décès. Prochaine naissance d'un enfant qui vivra peu.

Décharge (de matériaux), profit. — (De mousqueterie), crainte fondée.

Déchirer (songer qu'on déchire vos effets ou habillement). Cela dénote réussite dans vos affaires, à l'aide de quelques amis, qui vous seront très-utiles.

Décision (Prendre une). Hésitation qui vous sera nuisible.

Déclaration (d'amour), penchant lascif. — (De guerre), accident.

Déclamer. Que votre indiscrétion s'arrête, ou vous êtes perdu.

Déclouer (telle ou telle chose). Triomphe, grande réussite.

Décoiffer (quelqu'un). Mauvais propos que vous payerez cher.

Décollation. Prochaine affection cérébrale.

Décoration (en recevoir une). Honneur, dignité, grands succès.

Découdre. Travaillez sans relâche, le sort vous protége.

Découper. Division entre liés d'intérêt.

Découragement. Triomphe des méchants, calomnie.

Découvrir. Prochain héritage sur lequel vous comptiez peu.

Décrasser. Vous prendrez la défense d'un innocent, et triompherez.

Décrocher. Grande spéculation couronnée de succès.

Décrotteur (en voir un). Signifie qu'on a des affaires difficiles à débrouiller.

Dédain. Le dédain de vos amis vous sera très-nuisible.

Déduire (rabattre). Succès, bonne fortune.

Déesse (quelle qu'elle soit). Dénote que vous serez victime d'une erreur.

Défense. Coquetterie, désirs immodérés.

Défenseur. Tout le monde sera le vôtre, si vous continuez.

Défiance. En songe ce sentiment est d'un mauvais augure.

Défiguré. Calamité, faux rapports, égoïsme.

Défleuri. En vain vous chercherez à en imposer aux autres, votre conduite est trop condamnable et trop peu dissimulée.

Défricher. Priez Dieu, de grands maux vous menacent.

Défriser (quelqu'un). Dénote que vos méchancetés seront perdues.

Dégagement. On vous cache un secret très-utile.

Dégât (de telle nature qu'il soit). Soyez, soyez prudent.

Dégeler. Maladie, perte, mort.

Dégradation. Une banqueroute va vous abattre sans espoir.

Dégraisseur. Votre sensibilité va être soumise à une rude épreuve.

Degré. Élévation, honneur, grandeur, fortune.

Dégringoler. Un terrible accident vous mettra près de la tombe.

Dégueniller. Un homme sans fortune fera votre bonheur.

Déjeuner. Une réunion où vous assisterez vous comblera de joie.

Délicat (Être). Faiblesse, maladie de poitrine.

Délicatesse. Vous serez l'objet de nobles procédés.

Délices. Que celles que vous cherchez à goûter soient honnêtes.

Délire. Vous subirez une perte par suite d'un retard.

Délivrance. Un bien qui vous avait été soustrait vous sera rendu.

Déluge (Assister à un nouveau). Rappel aux fins dernières.

Demander (telle chose que ce soit). Dénote abaissement et misère; le songeur néanmoins ne doit pas se laisser abattre.

Démangeaison (Songer que l'on sent des). Signifie bonne fortune. — Si c'est par l'effet de la vermine, or et argent à venir. — De la gale ou de dartres, maladie sanguine.

Démarié. Infidélité conjugale, mauvaises mœurs.

Démasquer (quelqu'un au bal). Curiosité punie. — (Un traître), malheur.

Déménagement (songer que l'on déménage). Instabilité, perte d'argent. — Voir déménager un de ses débiteurs, mauvaise nouvelle.

Démenti. Vous subirez d'ici quelques jours un sanglant affront.

Demi-lune. Mauvaises affaires arrangées à l'amiable.

Demoiselle (jeune fille). Amourettes honnêtes. — (Outil de paveur), vous serez prochainement blessé dans le travail.

Démolition. Vous vous ruinerez par votre ambition.

Démon (en voir un ou plusieurs). Tribulations. Voyez *Diable.*

Démoniaque. Superstition n'est pas dévotion ; vous êtes fou.

Dénicher, songer qu'on trouve un nid d'oiseaux. Accomplissement de souhaits.

Dénonciation. Votre circonspection est de plus en plus en défaut.

Denrées (fraîches), prospérité, abondance.—(Coloniales), une nouvelle de l'étranger vous sera bien préjudiciable.

Dentelles. Changement de position et peu après de fortune.

Dentiste. Mensonge, astuce, escroquerie, vol.

Dents (songer s'en faire arracher), signifie affront et chagrin.—Sentir qu'on les arrache, nouvelle de la mort de quelqu'un. — Les voir arracher à d'autres, dénote qu'un de vos amis vous fera avouer une infamie. — Songer qu'on en a perdu une, perte d'un parent.—Les avoir fort belles, prospérité, amitié. — En perdre plusieurs, mort du songeur. — Les sentir ébranlées, perte prochaine dans vos affections.

Départ (inattendu). Maladie d'un parent éloigné, succession.

Dépense (mesurée), heureuse longévité.—(Folle), grands maux.

Dépérissement. Vos intérêts sont plus malades que vous ne le croyez.

Dépôt (Avoir un) de marchandises, profit.—(D'humeur), mort subite.

Dépouillement (de scrutin), mélancolie. — (D'effets), ruine.

Dérèglement. Vos excentricités vous causeront de bien vifs chagrins.

Dérober (voler). Scandale, considération perdue.

Dérouiller. Changement de position par incapacité.

Désarmer. Un grand vous protége, et va venir chez vous bientôt.

Descendre (songer que l'on descend d'une élévation quelconque). Signifie abaissement, humiliation, chagrins.

Désenfler. Votre jactance sera cause que vous aurez des ennemis.

Désert (Parcourir un). Grandes souffrances pour le songeur, mais le destin lui sera favorable, s'il ne s'abat pas.

Déserteur (Voir un), mauvais conseil. — (L'être), avenir malheureux.

Déshabiller (quelqu'un), prison. — (Se), honte, clameur publique.

Déshériter (un des siens). Mauvais penchant, égoïsme.

Déshonnête. Tout songe se rattachant à ce mot est mauvais.

Déshonneur. ⎫ Que le ciel fasse qu'aucune de vos actions ne mérite jamais cette épithète,
Déshonorant. ⎭ ou je vous plains.

Désobéissance. Bonté, docilité, bonne conduite.

Désolation. Votre sort va bientôt changer.

Désosser (des viandes). Prochain festin d'amis.

Dessèchement. Pénurie, crise commerciale momentanée.

Dessein. La jalousie empoisonnera vos jours.

Desservir. Tribulations suscitées par un faux frère.

Dessin. Songer que l'on dessine ou que l'on voit dessiner, signifie amour des beaux-arts, amitié.

Destinée (mauvaise), de grands maux vous surviendront. — (Favorable), calme, réussite en affaires.

Destruction. Réhabilitation du songeur.

Détacher. Ceux qui cherchent à vous diffamer seront honnis.

Déterrer (quelqu'un), action mauvaise, bien mal acquis. — (Se voir), grande nouvelle, joie.

Détester (haïr). Pardonnez si vous voulez qu'on vous pardonne.

Dettes (Avoir ou faire des). Bénéfices considérables.

Dévaliser (un voyageur). Voyez les mots *Bandit* et *Brigand*.

Dévider. Découvrir une trame ourdie contre soi.

Devin. Voyez au mot *Sorcier.*

Devineresse. Le même mot, mais plus infaillible que le précédent.

Deuil (Songer ou voir porter le). Dénote peine et tribulations, qui seront de courte durée.

Devises (quelles qu'elles soient). Astuce, apparences trompeuses.

Devoir. Ne vous écartez pas de nouveau de son sentier.

Dévoré (Être), de n'importe quelle manière, dénote trahison.

Dévot. Récompense loyalement obtenue.

Dévotion. Un bras secourable va se pencher vers vous.

Diable (voir le). Mauvais conseil. — (le combattre et en être vainqueur). Péril et danger de la part de quelque grand. — (en être poursuivi). Tourment. — (être emporté par lui). Sinistre présage. — (le voir avec des cornes). Inquiétudes, infidélité.

Diacre *Voyez* aux mots *Ecclésiastique* et *Abbé.*

Diamants (songer qu'on en ramasse). Signifie chagrin et perte. — (en perdre ou manger). Grand profit; fortune ou récompense. — (en amasser). Fausse joie.

Dictionnaire. Savoir, grande science, esprit.

Diète (jeûne). Votre prospérité ira longtemps croissante.

Dieu. Songer qu'on fait des vœux et des offrandes à Dieu dénote consolation et prospérité. — (lui parler). Joie.

Diffamation. Peine, soucis, tristesse.

Digue. Arrêtez un peu votre zèle, il nuirait à vos projets.

Dilatation. Votre moment de gêne ne sera que passager.

Diligence. Vous ferez bientôt un malencontreux voyage.

Dimanche. Ce mot qualifiant le repos vous y invite momentanément.

Dîme (impôt). Votre indisposition sera courte.

Diminution. Vos ressources ne tarderont pas à augmenter.

Dinde. Dénote festin ou réunion de famille.

Dindon (en voir ou posséder). Signifie folie de parents ou d'amis. — (En manger). *Voyez* ci-dessus au mot *Dinde.*

Dîner (seul). Sournoiserie. — (en société). Joie domestique.

Directeur. Que la flatterie ne vous soit jamais agréable.

Discipline (la donner à quelqu'un). Signifie ressentiment. — (la recevoir). Humiliation, scandale futur.

Discorde. Réformez votre caractère moqueur, vous en seriez victime.

Discours. Prouvez en action et non en paroles votre bon vouloir.

Discrétion. Sans être dissimulé, ne soyez pas trop confiant, tant de jaloux cherchent à vous nuire !

Disette. Songer disette, signifie perte prochaine.

Diseur de bonne aventure.

Disgrâce. Mettez un frein à votre orgueil.

Disgracié. Les maux que vous avez soufferts ne reviendront plus.

Disparaître. Ne vous mettez pas en route à la nuit.

Dispute (voir disputer des femmes). Signifie grand tourment. — (des hommes). Dénote jalousie, caquets.

Disséquer. Vous ne nuirez jamais en calomniant, on vous connaît.

Distillateur. Faux, faillite, escroquerie.

Distraction. Fortune perdue par négligence.

Distribution. Un héritage vous est assuré d'ici peu de temps.

Divertissement. De frivoles occupations perdront votre crédit.

Divinité (sacrée). Bonheur durable. — (païenne). Erreur, mensonge.

Divorce. Mauvais ménage, intrigue, jalousie, galanterie.

Docteur. Étude fructueuse, peines récompensées.

Doctrine (bonne). Curiosité louable. — (mauvaise). Chagrins cuisants.

Dogue, chien (voir un ou plusieurs). Signifie querelle.

Doigt (songer qu'on se brûle le). Dénote inquiétude, envie. — (se le couper). Perte de parents ou d'amis, dommage.

Dôme (voir un). Elévation hérissée d'obstacles.

Domestique (songer voir un). Visite d'un grand. — (derrière une voiture). Orgueil, vanité.

Domino (jeu). Temps perdu. — (costume). Intrigue galante.

Dommage. Réconciliation, raccommodement, explications.

Dompter. Petite réussite, de courte durée.

Donation (don). Songer recevoir un don d'un opulent, signifie bonne fortune. — (d'un homme votre égal). Amitié. — (d'une dame). Sincérité, tendresse. — (d'un garçon). Tribulation. — (d'une fille). Peine. — (donner quelque chose de tranchant). Querelle. — (tout autre objet). Ingratitude à moins que ce ne soit à un protecteur, cela dénoterait réussite dans vos affaires.

Doreur, dorure (songer que l'on a des habits tout dorés). Signifie gain et bonheur. — (sur métaux). Réussite. — (sur bois ou verre). Petit gain, santé malingre.

Dormeur, dormir (songer que l'on dort). Sécurité trompeuse. — (pendant le travail ou la gêne). Malheur, suicide.

Dortoir. Paresse, vieillesse malheureuse, maladie.

Dose (portion). Ennui, indisposition momentanée.

Dot (dotation). Modeste aisance, joie domestique.

Douane. Entraves à surmonter, petits retards.

Doublure. Aide, protection d'un tiers plus fortuné.

Douleur. Vous en éprouverez de grandes dans vos affections.

Doute. Votre incrédulité autorise la médisance.

Doux. Modelez votre caractère aux besoins de la vie.

Doyen. Suivez les avis que vous avez reçus, ou je vous plains.

Dragées (en manger). Signifie piége qui vous sera tendu. — (en acheter). Gourmandise. — (en vendre). Profit.

Dragon ailé (en voir un) Signifie gain. — (soldat). Nouvelle de l'armée.

Drap (étoffe). Petite protection utile. — (d'or). Aisance. — (d'argent). Réussite. — (de grosse laine). Pauvreté, qui sera vénérée de tous et vous adoucira les rigueurs du sort.

Drapeau (porter un). Honneur. — (national). Gloire, triomphe. — (voir celui de l'ennemi). Honte, défaite.

Dressoir. Arrangement d'affaires, liquidation, bénéfices.

Drogues. D'un bon augure, quel qu'en soit l'emploi.

Droguiste. Homme dur et méchant dans votre maison.

Dru (touffes). Proposition avantageuse, promenade champêtre.

Duo (oiseau). Inconstance. — (titre). Riche protecteur.

Duchesse. Femme de haut rang qui vous veut du bien.

Duel (songer se battre en). Signifie querelle entre mari et femme, ou avec ses amis. — (en voir un). Vous apprendrez une désunion, entre plusieurs de vos parents ou intimes, qui vous causera de la peine.

Duperie (dupe). Votre naïve franchise vous perdra.

Dureté. N'oubliez donc pas si aisément votre passé.

Durillon. Affront, insulte devant témoin, honte.

Duvet (s'il s'élève). Orgueil — (s'il s'abat), tranquillité.

Eau (voir en songe de l'eau bien claire et tranquille), c'est bon présage pour tout le monde — (la voir trouble et agitée) signifie honneurs et dignités — (être sur l'eau claire) ennemis confondus — (voir tomber l'eau du ciel) grand succès — (être dedans ou sur l'eau trouble) mort de parents ou d'amis — (tomber dedans et ne pouvoir s'en retirer) signifie danger de mort — (en boire de froide) calme de l'âme — (chaude) maladie — (la passer à la nage) récréation, joie — (en bateau ou sur un pont) sécurité dans vos affaires — (marcher dessus) projet téméraire — (bouillante) querelle de ménage — (-de-vie ou autres spiritueux) mort prématurée — (bénite) bonnes mœurs — (de toilette) mensonge préjudiciable au songeur — (de plantes médicinales) indisposition, danger — (de source) succès assuré.

Ébène (ébéniste). Homme cauteleux et malveillant.

Ébénisterie. Fortune en péril, perte, faillite.

Éborgner. Chagrins domestiques, suicide, peines.

Éboulement. Une avalanche d'insultes vous écrasera.

Ébrancher. Choisissez dans vos amis les plus laborieux.

Écailles (de poissons). Faux brillants — (de reptiles) danger de mort pour le songeur, sobriété.

Écale (coque d'œuf). Perte et mort d'un parent ou ami.

Écarlate (voir un objet quelconque). Grandeur, domination.

Ecclésiastiques. *Voyez* les mots *Prêtre* et *Abbé*.

Échafaud (en voir un dressé). Pusillanimité, crainte.

Échalas. Longue convalescence d'un ami malade.

Échalotte (en manger). Signifie querelle, zizanie.

Écharde (dans la main). Labeur pénible, simplicité.

Écharpe. Haute fonction, dignité, respect.

Échasses. Une chute que vous ferez vous fera garder le lit.

Échéance (d'engagement ou billet). Heureuse entreprise.

Échecs (y jouer). Signifie dispute, contrariétés.

Échelle (Monter sur une). Signifie honneur — (en descendre) tourment — (en tomber) ruine dans ses affaires — (de potence ou échafaud) projets avortés.

Écheveau (de fil). Pauvreté — (de soie) fortune mal acquise — (de toute autre chose) opération ruineuse.

Échevinage. Gérant trop mal votre emploi, vous le perdrez.

Écho (son réfléchi) en entendre un, médisance.

Éclaboussure. Tache à votre réputation par votre faute.

Éclair (foudre). En voir un, dénote querelle, ruine.

Éclat (éclater). Déception, espoir décevant.

Éclipse. Une rivalité industrielle vous causera dommage.

Écluse. Un mentor vous sera imposé bientôt.

École. *Voyez* au mot *Collége.*

Écoliers (en voir). Tracasserie, malice.

Économie (Avoir de l'). Bon augure au lit comme debout.

Écorce (d'arbre quelconque). Bonne renommée.

Écorché (être). Vous serez victime d'une escroquerie.

Écorcheur. Homme d'affaires qui vous trompe.

Écosses. Ne vous fiez pas autant à l'enveloppe des gens.

Écosser. Médisance, caquets, mauvais discours.

Écouter (tel ou tel propos). Avis de profiter des meilleurs.

Écran (un ou plusieurs). Vanité, orgueil, sottise.

Écraser (quelque chose). Triomphe sur des ennemis puissants.

Écrevisse (songer en voir ou manger). Dénote douleur ou division — (crues) séparation conjugale — (cuites) raccommodement.

Écrire (songer qu'on écrit une lettre). Signifie nouvelle — (un mémoire). Héritage prochain.

Écume. Colère qui vous nuira dans l'esprit d'autrui.

Écureuil (en voir un). Légèreté, espièglerie.

Écurie (voir ou être dedans). Repos, bon accueil.

Écuyer. Le travail vous donnera des serviteurs.

Édenté. Ne montrez pas ainsi vos défauts, pour regagner l'estime.

Édifice. Perte de biens-fonds, payements inexacts.

Effacer. Considération perdue, pénurie, misère.

Effets. Voyez *Engager.*

Effigie. Suivez constamment l'exemple des bons.

Efforts. Encore quelques années et vous serez heureux.

Effroyable. Voyez *Spectre* et *Fantôme.*

Égaré. Impatience, courage, énergie.

Église (entrer dans une pour prier). Signifie amour de Dieu — (y entendre chanter). Satisfaction, joie — (y jaser). Imprudence — (en bâtir une). Signifie contentement.

Puisque nous sommes sur cet article, arrêtons-nous un

instant pour initier nos lecteurs à l'origine de quelques
unes des fêtes et cérémonies du rite catholique.

Les Rogations, qui remontent à l'an 469, ont, dit-on
été établies par saint Mamert, évêque de Vienne (Drôme)
et déjà on les célébrait dans l'église de Milan.

Le pape Léon II, qui monta sur le siége de Saint-Pierr
en 682, institua l'aspersion de l'eau bénite sur le peu
ple, le baiser de la paix à la messe, et composa plusieur
hymnes.

La fête des Morts fut instituée par saint Odilon, abb
de Cluny, et bientôt adoptée par l'Eglise entière ve
l'année 1040.

En 1091, un concile tenu à Bénévent prescrivit l'usag
des cendres le mercredi qui précède le premier diman
che de carême.

Le *Salve regina* est attribué à Monteil, évêque du Puy
mort en 1098.

L'institution de la fête du Saint-Sacrement remonte
la fin du XIIIᵉ siècle. Elle fut érigée à l'occasion d'un
vision de sainte Julienne, qui mourut en 1258. On l'a
vait déjà célébrée auparavant dans quelques Églises, no
tamment dans celle de Liége ; elle fut universellemer
établie par le pape Urbain IV, en 1264, et confirmée pa
le concile de Vienne, sous Clément V.

Égorger (quelqu'un). *Voyez* au mot *Assassin.*

Égouts. Une querelle de voisinage va vous survenir.

Égratignure (songer qu'on a été égratigné par un an
mal). Danger, tourment.

Égruger *du sel.* Mort prématurée de jeunes parents.

Électeur (être). Ridicule fatuité, amour-propre.

Électricité. Constance en amour comme en amitié.

Élégant. Un duel vous sera proposé, et vous serez in
sulté.

Éléphant (songer en voir ou posséder un). Signifie am
tié et fin de tourment.

Élever (élévation). La misère succédera à votre dissipa
tion.

Elixir (en boire). Maladie, — (en vendre). Charlatanisme.

Emballer. Prochain et court voyage.

Embarras. Assemblée de créanciers, concordat.

Embaumer (un corps quelconque). Heureux souvenir.

Embonpoint (gagner de l'). Profit inattendu. — (le perdre). C'est le contraire.

Embrasser (songer être embrassé par des parents ou des amis). Signifie tromperie, faux semblants d'amitié. — (par un étranger). Projets de voyage. — (un mort). Mauvaise nouvelle.

Embrocher (une volaille). Querelle de ménage, infidélité.

Embuscade (tomber dans une). Signifie réussite pour l'avenir. — (en dresser une). Repos, sécurité.

Emeute (faire ou voir). Mauvaises spéculations, pertes.

Emmailloter (voir ou emmailloter un enfant). Petite réussite, espérance.

Empereur. Empire, guerre, famine, disette.

Empois (empeser). Heureuse entreprise.

Emplâtre. Prochaine maladie d'un grand parent.

Emplette (songer faire des). Signifie économie, prévoyance, heureuse vieillesse.

Empoisonner (quelqu'un). Périls. — (s'empoisonner). Insulte non méritée.

Emprunter (quelque chose). Gloire éclipsée, protection.

Emulation. Grand profit après un laborieux travail.

Enceinte (voir une femme). Signifie nouvelle satisfaisante.

Encens. Ne prêtez plus l'oreille à la flatterie.

Enclume (voir battre le fer sur une). Dénote amour du travail, activité, temps bien employé.

Encre (en voir de noire). Signifie affaires à conclure, nouvelles attendues ou à donner. — (la voir rouge). Conduite suspectée. — (si elle est verte). Flatteuse espérance.

Enfant (voir un nouveau-né). Proposition à rejeter. — (le voir à la mamelle). Maladie longue et dangereuse. — (sur les bras de sa nourrice). Abondance.

Enfantement (assister à un). Signifie allégresse, satisfaction. — (si c'est un garçon). Grande réussite dans vos entreprises. — (si c'est une fille). Joie mêlée de regrets. — (d'un enfant mal conformé). Peines cruelles.

Enfer (voir ou être en). Dénote repentir d'une récente erreur. — (en échapper). Changement de condition, joie.

Enfiler (songer que l'on enfile une aiguille). Assiduité au travail. — (des perles). Temps perdu, oisiveté.

Enflure (avoir une). Dénote inquiétude et maladie.

Engagement (engager ou vendre ses effets). Chagrins, procès.

Engelures (songer en avoir aux pieds ou aux mains). Signifie contrariétés provoquées par vos proches.

Engourdissement (songer avoir les membres engourdis). Dénote maladie ou paralysie prochaine.

Engraisser. Signifie prospérité, gros gains dans le commerce.

Ennemis (songer les vaincre). Signifie procès gagné. — (être mené par eux en captivité). Honte, embarras. —

(s'entretenir avec eux). Précautions à prendre dans ses relations d'intérêt.

Ennui. Votre paresse fait le triomphe de vos concurrents.

Enragé (être). Mauvais et dangereux présage.

Ensevelir (quelqu'un). Caractère serviable, humain, philanthrope.

Enseigne. Ne vous laissez pas prendre aux faux dehors.

Ensemencer. Nouvelles de la campagne.

Enseigner. Par votre négligence vous marchez à votre perte.

Enterrement (songer être enterré vif). Malheur prochain. — (voir un enterrement). Union profitable. — (si c'est d'un parent ou d'un ami). Le mariage sera prompt.

Entonnoir. Goût immodéré de spiritueux, ivrognerie.

Entrailles (y avoir mal). Dénote que vous serez en bute à tous les poisons de l'envie, mais que vous en triompherez.

Entorses. Vous ferez sous deux jours une mauvaise spéculation.

Entreprises (fructueuses). Courage. — (mauvaises). Nonchalance.

Entre-sol. Femme intrigante, amour clandestin, bagatelle.

Epaules (les avoir plus larges que d'ordinaire). Signifie force, santé. — (plus étroites). Faiblesse, souffrance.

Epaulette (songer que l'on en porte d'or ou d'argent). Signifie dignité, honneur, commandement. — (de laine ou coton). Soumission, injustice de ses supérieurs.

Epée (en voir une). Trahison. — (en être frappé). Danger de mort. — (en frapper quelqu'un). Outrage vengé. — (voir ses ennemis l'épée à la main). Guerre, querelle.

Eperon. Aiguillonnez un peu votre apathie.

Epervier (en prendre ou tuer un). Dénote gain, avantage.

Epinards. N'exposez pas toujours votre santé si bénévolement.

Epines (en voir). Signifie méchanceté de ses voisins. — (être métamorphosé en). Dénote grande peine. — (tomber d'un arbre et s'y piquer). Perte d'emploi. — (s'accrocher à un buisson d'épines). Misère, peines.

Epingle (en recevoir ou donner). Froideur en amitié. — (en être piqué). Perte de biens, dommages.

Epitaphe (en voir une sur un tombeau). Signifie perte de parents ou d'amis, tristes nouvelles.

Epître. Vous allez avoir besoin d'une haute tutelle.

Eponges (en voir). Dénote soucis, peines amères.

Epouse (épouser une fillette). Dénote maladie. — (une femme mûre). Tribulations qui seront longues. — (une veuve). Mélancolie.

Ermite. Diminuez un peu le cercle de vos connaissances.

Esclave (être). Voyage mauvais. — (acheter un). Supercherie, vol.

Escalier (songer en monter un). Signifie gloire, puissance.

Escroc. Vous perdrez sous peu un long procès.

Espièglerie (en faire). Méchanceté. — (en être victime). Chagrins.

Espion (en voir un). Signifie déshonneur, tromperie.

Esprit (avoir de l'). Négligence. — (voir un). Passions bachiques.

Estaminet. Mauvais penchants, mauvaises connaissances.

Estampes (en voir représentant des scènes pieuses). Dénote amour du bien. — (des sujets profanes). Désirs charnels.

Estime. Une femme brune cherche à vous déshonorer.

Estomac. Maladie dans cette région du corps.

Estrade. Elévation passagère, perdue par débauche.

Esturgeon. Voyage en mer, naufrage, dangers imminents.

Estropié (voir pauvre ou infirme). Signifie peine, chagrins, provoqués par des parents proches.

Établi (être à un). Avenir heureux. — (être). Joie immodérée.

Étain. Votre avarice vous fait seule des ennemis.

Étang (en voir un dont l'eau est claire). Signifie amitié et récompense. — (si elle est trouble). Peine ou tromperie. — (y voir de gros poissons). Abondance de richesse ou de fortune. — (si les poissons sont morts). Banqueroute, vol.

Été. Dans cette prochaine saison, vous serez malheureux.

Éteignoir. Maladie d'un jeune enfant, mort.

Étendard (*Voyez* le mot *Drapeau*).

Éternité. Avertissement de recourir à Dieu dans le malheur.

Éternument (éternuer ou voir). Santé, longévité.

Étincelle. Vous ferez une perte énorme par suite d'incendie.

Étiquette. L'apparence est chez vous bien trompeuse.

Étoffes (grossières). Fortune. — (riches). Revers prochains.

Étouffement (en avoir un). Malheureux présage.

Étrennes (en donner). Ingratitude. — (en recevoir). Misère et bonté.

Étranger (en voir dans sa maison). Signifie hospitalité.

Étoile (songer les voir brillantes). Signifie réussite dans vos entreprises, bonheur. — (les voir tomber du ciel). Accident.—(ternes et peu apparentes).Mauvais présage.

Étrilles. Un grand danger vous menace.

Études (songer faire ses). Contentement de soi-même ; amour des sciences utiles.

Étui. Vous trouverez quelque chose bientôt qui vous enrichira.

Évangile. Bonnes relations, conseils à suivre.

Évanouissement (être évanoui). Faiblesse, peines.

Éventail (se servir ou voir servir d'un). Pruderie, ostentation, coquetterie.

Ève. Tentation féminine, fille ou femme déshonnête.

Évêque (en voir un). Respect, bonne renommée.

Exécuteur (justicier). Maladie. — (testamentaire). Profit, chance.

Excrément (voir ou sentir des). Signifie profit. — (marcher dedans). Bonheur, argent inattendu.

Exécution. Vieillesse prématurée, mort violente.

Exemption. Un homme en place va vous protéger.

Exercice (voir des militaires faire l'). Signifie sûreté. — (le faire soi-même). Redoublement de soins.

Exil (voir exiler quelqu'un). Signifie insulte et pleurs. — (être exilé). Bonne fortune pour le songeur.

Expédition. Exportation, envois commerciaux outre-mer.

Extase (être en). Superstition, mauvaise foi.

Expert. Défiez-vous du premier qui vous flattera.

Extravagances (faire des). Mépris des honnêtes gens.

Fable, fabuleux. Joie, bénéfices assurés au songeur.

Fabrique (y travailler). Pénible labeur. — (en avoir une). Abondance.

Façade (d'une maison). Fortune. — (d'un temple). Consolation.

Face (l'avoir belle). Satisfaction. — (vilaine). Honte, mépris.

Facteur (de la poste). Nouvelles prochaines attendues. — (commissionnaire). Petit profit.

Faction. Ennui, découragement, temps mal employé.

Fagots (en voir ou avoir). Prévoyance. — (en compter). Mensonges.

Faillite (faire). Succès. — (en être victime). Ruine prochaine.

Faim (avoir). Bien-être à venir, espérance.

Faisan. (En voir), prospérité. — (En prendre ou tenir), honneur, profit.

Famille (repas de). Désunion, dispute, jalousie.

Familiarité. Monnaie de singe dont il faut vous garder.

Famine. Abondance dans votre maison.

Faneur, faner. N'abusez pas de votre crédit, il est temps.

Fanal. (Allumé), philanthropie, bon cœur.

Fantôme. (Blanc), allégresse. — (Noir), trahison, supercherie. — (Vous poursuivant), tribulations, chagrins.

Farces (voir faire des), gaieté, contentement.—(En faire),
mauvais augure.

Fard. En mettre, astuce. — En voir à d'autres, tromperie, fausseté.

Fardeau. Songer en porter un, fatigue, travail.

Faste. Misère prochaine.

Faucheur. *Voyez* les mots *Faneur, Faner.*

Farine. (De froment), joie. — (De maïs), indigence.

Faucon. En voir un, vigilance. — Le porter, dignité,
gloire.

Faussaire. Surveillez activement vos intérêts.

Fausse couche. Signifie enfantement prochain.

Fausse monnaie. Des intrigants vous entourent.

Fauteuil. Aisance, heureuse vieillesse.

Faveurs. N'ambitionnez pas trop celles de la fortune.

Fée. Tous les songes traitant de la féerie sont sans traduction vraie.

Femme. (Songer en avoir une), maladie, infirmité. — (Jolie), satisfaction. —(Laide), déplaisir.— (Avec de beaux cheveux), prospérité, gain. —(Blonds), douceur. — (Bruns), sévérité.— (Enceinte), dénote abondance, joie intérieure. —(En entendre plusieurs bavarder), médisance, calomnie. —(En embrasser une sur le front), protection. — (Sur la joue), joie, plaisir.— (Lui tenir de galants discours), désir charnel.— (En être refusé), chagrin, dépit.

Fenêtre (descendre par une). Tromperie.— (Y monter), intrigue galante.

Fer. (Rouge), mauvais présage. —(A cheval), voyage. — (Froid), lutte.

Fermage. Nouvelles très-avantageuses de la campagne.

Fermé (être dans une). Pénurie, disette, malheur.

Férule. Le sort va cesser de vous poursuivre de ses rigueurs.

Festin (être d'un). Intempérance, maladie.

Fête. Un grand chagrin troublera bientôt votre intérieur.

Feu. (En voir), mauvaise humeur, colère.—(Clair et pétillant, gain.— (Eteint), misère.—(Etre dedans sans se brûler), triomphe sur ses ennemis.— (Y voir un autre), mauvais signe.— (D'artifice), frivolité.

Fèves. (En manger), contestations, procès.

Feuilles, feuillage. (Les voir naître), grossesse.—(Tomber), maladie.

Fiançailles. Signifie mort prochaine dans votre famille.

Fidélité. Méfiez-vous des engagements que vous alliez contracter.

Fiel (d'un animal), satire, méchanceté, trahison.

Fierté. Votre bonne fortune ne vous secondera pas longtemps.

Fièvre (avoir la). Une affaire importante vous inquiétera.

Figues. (Fraîches), bonheur, joie.—(Sèches), le contraire.

Fil. Affaires difficiles à arranger.— (D'or), vous parviendrez à force d'intrigues, mais sans mérite.—(D'argent), complot qui tournera à votre préjudice. — (De soie), déceptions.

Filer dénote chagrins et mélancolie.

Filet. L'on va vous tendre un dangereux piége.

Fille. (Honnête), plaisir. — (De mauvaise vie), honte, perte.

Filou. *Voyez* le mot *Voleur.*

Filleul (avoir un). Accroissement de famille si l'on en a déjà un.

Fils (en avoir un). Triste vieillesse, ingratitude pour vous.

Flacon. De telle forme ou tel usage qu'il soit, dénote sécurité.

Flageolet ou autre instrument à vent signifie mauvais voisin.

Flambeau (allumé). Prospérité. — (éteint). Rupture, séparation.

Flamme (élévation momentanée). Chute par ignorance.

Flatterie. Vous perdrez votre emploi par une cabale.

Flèche (en lancer une). Ambition. — (la voir en l'air). Activité. — (en être blessé). Signifie querelle, chagrins cuisants.

Fleuve (s'y baigner). Imprudence. — (y voir des bateaux). Fortune.

Flotte (voir une). Querelle de ménage, cancans de commères.

Flotter (voir tel ou tel objet). Bonne réussite pour le songeur.

Flûte. *Voyez* le mot *Flageolet* ou *Instrument à vent.*

Fluxion. Amaigrissement, maladie de langueur.

Foie (y avoir mal). Mort prochaine. — (en manger). Dégoût.

Foin. Abondance, héritage. — (mauvais). Perte de biens.

Fleurs (en cueillir). Profit. — (en voir et sentir). Satisfaction, joie. — (blanches). Bonnes mœurs. — (bleues). Pensées religieuses. — (vertes.) Espérance. — (jaunes). Jalousie, infidélité. — (rouges). Maléfices. — (noires). Ennui, pleurs. — (bigarrées de diverses couleurs). Embûches, tracasserie. — (en bouquet). Union intime entre parents ou amis. — (fanées). Perte sensible.

Folle (voir des fous). Tristesse. — (l'être). Contentement, gaieté.

Follet (voir un feu). Priez pour les défunts, vous le serez bientôt.

Fontaine (eau claire). Satisfaction. — (trouble). Misère, ruine.

Force. N'abusez pas sur vos rivaux de celle que Dieu vous donna.

Forêt. *Voyez* au mot *Bois*.

Fortune. Elle est en route, mais ce n'est pas vers votre porte.

Fossé. (en sauter un). Triomphe. — (y tomber). Mauvais présage.

Fosse (voir sa). Joie. — (creuser celle d'un autre). Mauvais signe.

Fossoyeur. Vous allez apprendre sous peu une mort qui vous peinera.

Fou (voir un ou des fous). Considération de gens bien placés. — (l'être soi-même.) Naissance dans votre maison.

Foudre (la voir tomber). Pusillanimité, appréhension.

Fouet (recevoir le). Petites pertes. — (le donner). Mauvaises affaires.

Foulard. Jusqu'alors vous n'avez encore connu que le pire des choses, espérez.

Four (mettre du pain). Gêne. — (y être mis). Éclat, scandale.

Fourche. De nouvelles spéculations vont vous sauver bientôt.

Fourchette. Plus d'économie, moins de galas et vous réussirez.

Fourmi. Qu'il ne vous suffise pas de voir travailler les autres.

Fourrage. Signifie abondance, richesse.

Fraises. Cela dénote une promenade sentimentale à deux sous peu.

Framboises. Voyez pour son explication le mot précédent.

Français. Tous les rêves où ce nom se trouvent sont vrais.

Francs-maçons. Conformez-vous aux exemples du bien.

Frayeur. Voyez les mots *Spectres* ou *Fantômes*.

Frères. Tous rêves de fraternité dénotent joie et satisfaction.

Fricassée. Signifie mauvais mots, caquets, batterie.

Frimas. La misère vous menace, redoublez d'énergie.

Fripon, Friponnerie. *Voyez* les mots *Coquins* et *Voleurs*.

Friture. Une méchante voisine cherche à vous nuire.

Froid. Dénote une santé parfaite et la paix du cœur.

Fromage (en manger). Contrariété, tracasserie mercantile.

Froment (sur pied). Abondance dans votre maison, richesse.

Fruits (en manger ou cueillir). Plaisirs. — (s'ils sont mauvais). Tourment.

Fuir (fuite). Ce songe vous menace d'un grand danger.

Fumée (en voir). Chance ou gloire éphémère.

Fumer (une pipe). Satisfaction intime. — (un cigare). Ennui.

Fumier. Signifie réunion de gens qui cherchent à vous nuire.

Funérailles (luxueuses). Scandale prochain. — (pauvre). Réussite.

Furies (en voir). Querelle de voisinage, médisance.

Fuseau. Que celui de votre ménage ne s'arrête pas surtout.

Fusée. *Voyez* au mot *Feu d'artifice*.

Fusil (le tirer). Colère. — (l'entendre). Surprise désagréable.

Futaie. *Voyez* au mot *Bois*.

Futaille. Goûts bachiques, dépravés, vieillesse malheureuse.

Gabelle. Surveillance d'un supérieur.

Gage (nantissement). Billets protestés, emprunt, misère.

Gageure (faire une). Signifie hardiesse, courage.

Gain, ou profit. Prochaine succession.

Gaine (étui). Protecteur très-utile.

Gaîté (être en). Vous allez recevoir une fâcheuse nouvelle.

Galant, Galanterie. Dénote gaieté de cœur, contentement.

Gale (avoir la). Signifie infortune, maladie épidémique.

Galet (jouer au). Mauvaises entreprises, méfiez-vous.

Galériens (voir un ou plusieurs). Dénote hardiesse, patience.

Galette. Vous serez d'un festin où l'on vous manquera.

Galons. Maintenez-vous ainsi, l'on vous considère favorablement.

Galop. Elévation subite qui sera moins prompte que la chute.

Gangrène (en être attaqué). Pertes d'affections intimes, mort.

Gants (en porter). Visites, démarches. — (en acheter). Honneur.

Garçon (mettre au monde un). Heureux avenir. —(si une femme rêve épouser un beau). Elle épousera sainte Catherine.

Garde (crier à la). Sécurité. — (la voir emmener quelqu'un). Imprudence. — (la voir en patrouille). Repos. — (la monter). Tribulation. —(malade). Soins, espoir.

Garenne (Etre dans une). Signifie entourés de méchants.

Garnison. Nouvelles de l'armée intéressant le songeur.

Gascon, Gasconnade. Duperie, escroquerie, mensonge.

Gâteaux (en faire, voir ou manger). Grande joie.

Gauffres. Bonne renommée fait bonne maison, pensez-y.

Gaule (perche). Cela dénote pour vous coups et blessures.

Gaz (allumé). Profit. — (éteint). Ignorantisme. — (fuite de). Mort.

Gaze (voile). Cela dénote modestie, vertu, candeur.

Gazon. Promenades aux champs, ou vous serez heureux d'une confidence qui vous touche personnellement.

Géant (songer en voir un). Dénote élévation, prospérité.

Gelée. Dénote une forte maladie.

Gendarmes (en voir). Sûreté dans vos entreprises.

Gendre. Un de vos amis va vous consulter pour un mariage.

Général (être). Dignité. — (battre ou entendre battre la générale). Augure mauvais.

Générosité (faire une). Bonne œuvre à faire. — (en recevoir une). Peine.

Genièvre. Travaillez, travaillez encore, aidez-vous seul d'abord.

Génie (arme). Querelle. — (esprit). Superstition.

Genoux (y avoir mal). Signifie prochaine affliction, abaissement, perte. — (se mettre à). Humiliation devant un supérieur. — (marcher à). Peines et mauvais succès dans ses entreprises.

Gentilhomme (être). Un malheur menace le songeur.

Geôlier (être). Caractère méchant, qu'attendez-vous du destin?

Gibecière. Prochainement vous ferez une partie de plaisir.

Gibet ou Potence (y être). Honneur, élévation. — (y avoir un ami). C'est un signe qu'il vous protégera un jour.

Gibier. Votre maison perd son crédit sous vos dépenses folles.

Gigot. Cela signifie repas de corps, parents et amis.

Giroflée. Jeunesse, amour des sens, mais honnête.

Girouette (en voir une tourner). Inconstance féminine.

Givre. Vous avez encore de bien tristes moments à passer.

Glace (songer se mirer dans une). Tromperie, mensonge. — (tomber sur la). Peines, douleurs durables.

Glands (de chêne). Misère. — (de passementerie). Honneur.

Glacière. Votre santé et votre réputation s'abîment.

Glissade. Vous êtes menacé de commettre une grande faute.

Gloire. Vous ferez sous peu une découverte utile.

Glue. Arrestation préventive du songeur.

Gobelets (joueur de). Tenez-vous sur vos gardes, vous serez volé.

Goulu ou Gourmand. Vous mangez votre pain en herbe.

Gousse d'ail. Vos défauts commencent d'être connus de ous.

Gorge (y avoir mal). Réussite. — (la montrer). Déshonneur.

Goutte (l'avoir). Santé dans la maison. — (boire la). Méchanceté.

Gouvernante (être). Grossesse prochaine.

Gouverneur. Vos services vont être récompensés.

Grâce (obtenir une). Une bonne fortune vous arrive.

Grains. Richesse, abondance.

Grandeur. Prochain revers, ruine.

Grange (remplie de blé). Signifie misère, grande gêne.— (la voir vide). Dénote le contraire.

Grand'-mère et Grand-père. Vous aurez une nombreuse progéniture.

Graveur, Gravure. Vos actions sont estimées de chacun.

Grenade. Amertume, sottise.

Grêle (en voir tomber). Malheureux présage.

Grenadier. Nouvelles prochaines d'un militaire.

Grenier. Vous êtes en bonne voie, persévérez.

Grenouilles (les entendre). Caquets, médisance. — (en manger). Signifie profit dans vos spéculations.

Gril, Grillade. Maladie des intestins.

Grille, Grillage. Amourettes à la nuit, enlèvement.

Grillon. Joie du foyer, bonheur tranquille.

Grimace. Méfiez-vous de qui trop flatte.

Grimoire. Superstition, sottise, folie.

Grimer (se). Homme malveillant qui vous guette.

Grimper. Ne tentez pas une élévation si prompte.

Groseilles (en manger). Envie, désir, grossesse.

Grotte (être dans une). Recherchez la société de tous les gens de bien, et ne vivez pas seul avec vos vices.

Guerre. Dispute, division en amitié,

Gué (passer un). Difficulté vaincue.

Guêpes (en voir). Inquiétude. — (en être piqué). Persécution.

Guerriers (en voir). N'est jamais d'un heureux présage, ils ne représentent jamais que des gens hostiles au songeur.

Guipure. Afféterie, coquetterie onéreuse.

Gueux. « Quiconque s'abaisse sera élevé, » a dit Jésus.

Guichet. Dénote captivité, séquestration.

Guinguette. Mauvais penchants, dangereux amis.

Guillotine (la voir). Signifie crainte, effroi.—(Y monter), maladie.

Guirlandes (de fleurs), ennuis passagers.

Habits (en voir). Signifie échange, petit commerce. — (Neufs), peines, misère.— (Vieux), espérance d'avenir, — (Brodés), grandeur, emploi.

Hache. Vous êtes menacé d'un guet-apens.

Haies (buissons). Amourettes, bagatelles.

Haïr, haine (en avoir). Signifie perte de biens.

Haleine (perdre). Crédit perdu.

Halle (marché).(Vide), joie.—(Pleine), crise commerciale.

Hamac (lit suspendu). Nouvelles maritimes.

Hameçon (pêcher à l'). Signifie tromperie, piége.

Hanneton, insecte. (En voir). Dénote mauvaise récolte.

Haricots (en voir ou en manger). Signifie sarcasme, dérision émanant de subalternes.

Harengs. L'on sait partout que vous n'êtes plus solvable.

Harpe (en pincer). Bon accord en ménage. — (En voir une), dispute.

Hémorrhagie. Une maladie assez grave vous menace.

Herbes (en manger). Signifie ruine, misère.

Hérisson. Médisance, calomnie, haine.

Héritage (en faire un). Pauvreté.

Herse. Voyez au mot *Charrue* ou à *Laboureur.*

Heurté (choc). Tristesse, chagrin dans votre maison.

Hiboux. Maladie, deuil, mort.

Hirondelles (en voir une ou plusieurs). Joie, bonheur.

Hiver (rude). Malheur au songeur. — (Doux), prospérité.

Homicide (être). Affaires épineuses. — (En voir un), chagrin.

Homme (en voir un traverser une rivière). Plaisir. — (S'y noyer), tristesse, mélancolie. — (Blond), protecteur. — (Brun), homme de loi. — (Grand), embûchés. — (Petit), riche avenir. — (Riche), perte assurée. — (Pauvre), espoir. — (Travaillant), prospérité. — (Couché), discussions de voisinage. — (En deuil), maladie prochaine.

Hôpital (vide). Annonce au songeur une longue et bonne santé. — (Plein), c'est le contraire.

Horloge. Avis du ciel d'employer mieux votre temps.

Horloger. Bavard sans envie de bien faire.

Horoscope. Ne croyez pas avec tant de facilité.

Hostie. Longues souffrances menant au bonheur.

Hôtel (en voir un beau), Convoitise. — (Le posséder), succès.

Huche (pleine). Joie. — (Vide), chagrins domestiques.

Huile (en répandre). Profit, avantage. — (En boire), perte.

Huîtres (en voir ou manger). Joie et plaisir.

Hure (de porc ou de sanglier). Taciturnité coupable.

Hussard. Voyez au mot *Militaires*.

Hydropisie. Vous allez éprouver une grande peine par la mort.

Hymne (en entendre). Mélancolie. — (En chanter), allégresse.

Idolâtre (être). Funeste songe; il vous prédit malheur.

Idole (adorer une). Encore d'un plus mauvais augure.

Illuminations (en voir). Signifie fausse joie.

Images (noires). Peines. — (Coloriées), plaisirs. — (Vieilles), joie.

Impotent (l'être). Signifie perte, insuccès.

Imprimeur, imprimerie (en caractères). Bonnes sociétés. — (En taille douce), papiers d'intérêts, échanges.

Incendie (en voir un). Agitation d'esprit, tourment.

Inconnu (en voir un). Réussite inespérée, bonnes nouvelles.

Inconstance (être victime d'une). Réussite en amour.

Incrédulité. Vous avez besoin de surveiller votre entourage.

Indifférence. Mariage manqué.

Indécision. Association rompue, liquidation.

Indigestion. *Voyez* le mot *Gourmandise.*

Infamie. Vous serez bientôt remplacé dans votre emploi.

Infidélité. Une femme fera votre malheur sans recours.

Infirmerie. Ne vous abandonnez pas ainsi au désespoir.

Infirmité (en avoir). Tristesse, longévité malheureuse.

Ingratitude. C'est avec que l'on veut payer vos bienfaits.

Injures (en recevoir). Bonne harmonie. — (En dire), dispute.

Injustice. Vous serez sacrifié à qui vaut moins que vous.

Innocence (songer à son). Temps perdu.

Inquiétude. D'ici une dizaine de jours vous serez à plaindre.

Inondation (en voir où s'y trouver). Accident imprévu

Insensé (le devenir). Signifie qu'une inspiration fructueuse va vous venir sous peu.

Insensibilité. Votre plus intime rira de votre ruine.

Insouciance. Votre abattement moral est un vice.

Inspection. Le bon maître fait le bon serviteur.

Institution (tenir une). Chagrins journaliers, ennui.

Instruments de musique (en jouer ou entendre). Dénote tristesse, mort, enterrement.

Insulte (recevoir une). Vengeance. — (En faire une), malheur.

Interdiction. Banqueroute frauduleuse, poursuites, prison.

Interprète. Un ami viendra dans peu à votre secours.

Intrépidité. Rêve qui ne promet qu'un heureux résultat.

Inventaire. Parcimonie, intérêt, avarice.

Inventeur. La vanité vous causera des déboires.

Invention. Bonnes nouvelles pour vous en industrie.

Invalides. Une vieillesse heureuse sera le prix de vos travaux.

Ironie. Vous serez en butte à la critique, n'y songez pas.

Italien, Italienne. Un accès de jalousie vous sera funeste et portera atteinte à votre réputation.

Ivoire. Jetez un coup d'œil sur vos comptes.

Ivraie. Fuyez vos mauvaises connaissances.

Ivresse (être dans l'). Dénote maladie, dégoût, malheur.

Jabot. Votre décadence naîtra d'un excès d'orgueil.

Jacinthe. Que la discrétion soit votre guide.

Jalousie. Vous êtes menacé d'une mort violente.

Jambes (y avoir mal). Chagrin. — (Bonnes), bonheur, joie. — (Mauvaises), mauvais augure. — (Coupées), disgrâce. — (De bois), impuissance, affront.

Jambon (en voir ou manger). Fortune, succès. Voyez *Lard*.

Jardin (en cultiver un). Mariage projeté. — (S'y promener), future grossesse, satisfaction.

Jardinier. Votre maison sera bientôt dans la joie.

Jarretières. Contentez-vous de votre bien ; ne pensez plus à celui des autres.

Jasmin. Loyauté de cœur.

Jatte, bol. *Voyez* au mot *Tasse.*

Jeter (un objet quelconque). Insouciance coupable.

Jeu (y gagner). Signifie ruine, perte d'amis ; en un mot, quelle que soit la nature du jeu, tous les rêves qui en traitent sont mauvais.

Jeûne (abstinence). Vous ne méritez pas un meilleur sort.

Jeunesse. Votre gloire est inattaquable.

Joues (pleines, rondes et colorées). Signifie prospérité, santé. — (Allongées, pâles et osseuses), mauvaises réussites.

Joutes quelconques. Indolence, paresse.

Jouet ou joujou. Sous une trompeuse apparence, vous cherchez des dupes ; allons, descendez en vous-même et tremblez.

Jongleur (voir un). *Voyez* au mot *Jouet.*

Jours (bons). Redoublez d'ardeur. — (mauvais). Priez Dieu.

Juges (en voir). Signifie châtiment, pénalité, procès.

Jugement (voir un). Utile enseignement à prendre lorsque le vice est puni et la vertu récompensée.

Juif, Juive. Vous allez être dupé par des faiseurs.

Juif-errant. Votre maison va changer avantageusement.

Jumeaux. Une double trame s'ourdit contre vous.

Jument (en voir une). Bon augure au songeur.

Jupon (crinoline). Blanc, coquetterie. — (court). Lubricité. — (long). Respect de soi-même. — (de couleur). Modestie.

Jurer (soi-même ou entendre). Tourment, inquiétude.

Jury. Assemblée de créanciers, concordat.

Jus quelconque. Que vous devez regretter le passé !

Justice (la craindre). Mauvaises mœurs. — (la respecter). Bon augure. — (être sous sa main). Malheureux avenir.

Laboratoire. Vous vous retirerez bientôt des affaires.

Laboureur. Activité, profit, abondance.

Labyrinthe (Entrer dans un). Vous vous perdrez dans cette intrigue.

Lacet. Voyez *Corset.*

Lâcheté, lâche. Désolation, honte publique.

Ladre, ladrerie. Voyez les mots, *Avare, Avarice.*

Laine (noire), deuil prochain. — (blanche), innocence.

Lait, laiterie (en boire). Douceur de caractère. — (en voir seulement). Bons procédés de la part d'une amie.

Laitue (en manger). Perte de santé ou de fortune.

Lame (tranchante). Peines cuisantes. — (brisée). Vengeance.

Lampe. Réhabilitation, respect de tous.

Lampions. Grandes nouvelles à la nuit.

Langue (parler celle de son pays). Franchise. — (d'un pays étranger). Astuce, envie de tromper.

Langueur. Vous allez payer cher votre insouciance.

Lansquenet (Jouer au). Intrigue galante.

Lanterne (en être éclairé). Signifie prudence. — (Éteinte). dénote embarras, négligence coupable.

Lapin (en voir courir). Liberté, bon espoir. — (noir).

Deuil. — (en manger). Prospérité. — (blanc). Joie. — (en tuer). Erreur de compte, folle entreprise.

Lard (en manger). Signifie que l'on triomphera des envieux. — (en couper ou vendre). Tristes nouvelles, décès.

Larcin (Faire un). *Voyez* au mot *Voleur.*

Lascif (Être). Voyez le mot *Libidineux.*

Latin (Parler). Dissimulation, intrigue.

Latrines (pleines). Bonheur au logis. — (vides). Inquiétudes.

Lattes (couvertures d'un toit). Emploi très-avantageux.

Laurier (en être chargé ou couronné). Triomphe sur ses ennemis.

Lavande. Vous jouissez d'une bonne réputation.

Lavement (en prendre un). Perte. — (en donner un). Dévouement.

Laver, Lavoir (telle ou telle chose en tel ou tel lieu). Chagrin, ennui.

Layette (faire une). Enfantement, bonheur conjugal.

Leçon (donner une). Bonté. — (la recevoir). Profit.

Légion (d'honneur). Gloire, distinction. — (étrangère). Succès pour le songeur.

Légataire (être) de quelqu'un, dénote confiance, estime.

Légumes. Vous ne pouvez rien rêver de plus favorable, surtout si les navets dominent. Les poireaux seuls ne signifient rien, mais en compagnie de carottes, vous pouvez tout espérer, les belles promesses ne vous manqueront pas. Réussiront-elles ? C'est assez peu probable ; cependant cela peut être, car il ne manque pas de gens qui se prennent à leurs propres filets.

Lentilles. Réunion de preuves mensongères pour vous nuire.

Lessive. Voyez aux mots *Laver* et *Lavoir.*

Lettre (en écrire). Souvenir, amitié, devoir. — (on recevoir une). Vous serez l'objet d'honnêtes procédés.

Levain. Signifie, animosité, colère.

Lever (du soleil, le voir). Servitude. — (de la lune).

Réussite. — (d'une belle-fille, ou femme). Amour honnête, respect.

Lèvres (fraîches). Joie. — (hâlées). Chagrin. — (pâles). Maladie. — (y recevoir un baiser). Echange de sentiments.

Lézard. Amitié, sincérité, douceur.

Libérateur (Avoir un). Ami intime et sincère, rareté.

Liberté. Ce rêve vous portera bonheur si vous évitez la licence.

Libidineux. Ne fréquentez pas, je vous le conseille, les gens qui ne montrent pas leurs actes au grand jour.

Libertin. Voyez le mot précédent.

Licou. Frein utile à apporter à vos dépenses folles.

Lie. Cela signifie qu'il ne faut pas marcher sans arrêt.

Lierre. Attachement, courtoisie, reconnaissance.

Lièvre (en voir un au gîte). Prompte réussite en affaires. —(s'il court). Succès douteux.— (plusieurs). Dénote le contraire, saisie, procès.

Lilas. Souvenirs gracieux de jeunesse, premières amours.

Limace et Limaçon (en voir). Dénote que vous serez sous peu la dupe d'un être rampant et astucieux.

Lime. Censeur incorruptible.

Limon. Echos des mauvais propos que l'on dit de vous.

Limonade. Economie, bonnes spéculations.

Linceul. Ce mot est un des plus importants et des plus fréquents dans l'onéiromancie. Si vous rêvez que vous êtes enveloppé d'un linceul et couché dans une bière, ne vous effrayez pas. Eteilla l'a dit, *linceul n'est pas deuil.* Vous n'avez rien à craindre si ce linceul ne s'ouvre pas pour vous laisser sortir de la tombe, mais en ce cas songez à la mort .

Que toutes les vertus soient donc à votre usage.
Que tous vices par vous soient toujours combattus.
Notre vie ici-bas n'est qu'un affreux passage,
Si nous n'y marchons pas guidés par les vertus.

Si vous voyez une autre personne que vous couverte d'un linceul, c'est qu'un de vos ennemis va disparaître de ce monde. — Si le spectre est entièrement couvert d'un linceul et qu'il vous soit impossible de distinguer sa figure, cela peut signifier qu'on vous tend des embûches. — Soyez réservé et prudent.

Linge (en voir beaucoup). Prospérité, richesse—(propre). Économie profitable. — (malpropre). Mépris, honte.

Lion (Voir un). Signifie appréhension, tâtonnements. — (captif). Bonne entreprise, sécurité. — (le combattre). Intrépidité, résolution hardie. — (le terrasser). Malheur dont vous êtes prochainement menacé. — (s'il s'enfuit). Vous triompherez de vos ennemis.

Lionne et Lionceaux. Joie de sa famille.

Liqueur quelconque. Par votre douceur, votre aménité, vous serez constamment aimé et respecté.

Liquidation. Vous verrez tous vos projets réalisés.

Lire, Lecture (des lettres). Nouvelles d'un ami. — (des romans), temps improductif. — (des livres de sciences et de morale), bons amis, heureuse fréquentation.

Lit (couché dans un). Péril.—(bien fait). Solidité, garantie.

Livres. Longévité certaine. — (saints). Vous jouirez d'une bonne santé. — (profanes). Indispositions fréquentes.

Livret. Estime et confiance méritée.

Locomotive (en voir une). Succès.

Logement. Signifie un abri pour l'âge avancé.

Loterie (songer que l'on met quelques numéros à une). C'est bon signe — (en tenir une). Escroquerie, mécompte.

Louanges. Que la flatterie ne ternisse pas votre gloire.

Loup. Ce quadrupède, en fait de songes, signifie un homme avare, méchant et sans merci. — (être mordu d'un). Dénote finesse et tromperie dont vous serez victime.

Loupe (microscope). Bon guide. — (mal). Danger éminent.

Loyer (payer son). Devoir doux à remplir.

Lubricité. *Voyez* les mots *Libidineux, Libertin,* etc.

Lumière (en tenir une). Bon avis. — (en voir plusieurs). Profit.

Lune (la voir dans tout son plein). Signifie prospérité, enfantement. — (nouvelle). Bonnes affaires. — (à son déclin). Mort de quelques supérieurs. — (la prendre). Difficulté vaincue. — (dans le croissant, 1ᵉʳ ou dernier quartier). Bon espoir. — (la voir tomber). Dénote maladie.

Lunettes (en porter). Disgrâce, mélancolie. — (les briser). Mauvais présage.

Lustre, lampe (en voir un). Utile découverte. — (allumée). Bonnes nouvelles, grandes joies.

Lutrin. Bavardage, caquet.

Luzerne. Promenade agréable à la campagne.

Lyre (en voir une). Dénote que vous avez des goûts futiles.

Macarons (en faire). Modeste salaire. — (en manger). Repos.

Machine quelconque. Vous serez activement secondé par un tiers.

Maçons (en voir). Goûts laborieux. — (en occuper). Aisance.

Maçonnerie (en faire élever). Ruine, perte.

Majesté (s'entendre donner ce titre). Projets déçus — (en voir qui porte cette qualification). Protection inattendue.

Nous ne pouvons passer outre sans expliquer l'origine de ce mot : l'empereur d'Allemagne seul prit longtemps avant les autres potentats, le titre de *Majesté.* Louis XI fut le premier roi de France qui se fit appliquer cette qualification. Les rois de Hongrie et de Pologne prenaient le titre d'*Excellence;* ceux de Castille, d'Aragon et de Portugal, celui d'*Altesse;* le roi d'Angleterre, *Votre Grâce;* comme on aurait pu dire à Louis XI : *Votre Despotisme.* Henri III même, d'après plusieurs lettres du sire de Bourdeille, recevait encore le seul titre d'*Altesse*, et les États, en accordant à Catherine de Médicis l'administration de la France, ne lui donnèrent pas le titre de Majesté.

Magicien (songer en voir un). Supercherie, escroc.

Magistrat (craindre un). Avenir compromis. — (en avoir un pour ami). Noble conduite.

Magnétisme. Dénote surprise agréable.

Mains (se les laver). Franchise, probité. — (se les regarder avec amour-propre). Maladie. — (voir de belles mains de femme). Envie, plaisirs sensuels, convoitise. — (grandes). Prodigalité. — (petites). Rapacité, avarice. — (blanches). Perte de proches. — (calleuses). Gain, succès. — (deux mains qui se serrent). Vous avez un ami fidèle ; faites tout pour le conserver, c'est le plus grand bonheur de la vie.

Maire (être). Honneur, dignité.

Maïs (en manger). Pénurie, disette.

Maison (en faire élever une). Signifie prospérité dans son commerce. — (en avoir plusieurs). Misère. — (en brûler une). Dissipation de ses biens. — (en voir une adossée à une église). Réconcilie-toi avec Dieu, pécheur, il est temps.

Maître (de maison). Profit. — (de pension). Ennui. —

(d'usine). Prospérité. — (d'armes). Insolence. — (de poste). Activité. — (d'hôtel). Commérage.

Maîtresse (amante). Intrigue galante.

Malade (voir un). Tristesse, emprisonnement.

Maladie. Peine momentanée.

Mal (avoir du). Bon avenir, récompense.

Maléfice (être menacé d'un). Crainte puérile; si le songeur est malade, c'est signe de mort.

Malle (faire ou porter sa). Court voyage.

Mamelles (songer qu'elles sont pleines de lait). Signifie gain. — (voir un enfant au sein de sa nourrice). Dénote maladie dangereuse.

Manchettes (en porter). Dignités, honneurs. — (en acheter). Heureux et prochain mariage.

Manchot (être). Vous serez dupe d'une escroquerie.

Manger. Signifie avidité, sensualité, désir.

Mannequin (en trouver un plein de poissons). Signifie désastre, tempête, affreux malheurs. — (s'ils sont frais). Bonnes nouvelles. — (voir ou acheter un). Incapacité.

Mansarde. *Voyez* au mot *Grenier*.

Manteau (en être revêtu). Dignité, opulence. Si tu vois un homme avec qui tu as des affaires en avoir un, surveille-le bien.

Manuscrit (lire un). Science, savoir. — (en acheter un). Bon négoce. — (le vendre). Misère, ignorance.

Maquereau (poisson). L'on vous exploite.

Marais, marécage. — (s'y voir embourbé). Signifie pauvreté.

Marcher (vite). Activité, vigilance. — (à reculons). Revers de fortune. — (lentement). Prévoyance, bon augure. — (avec une jambe de bois). Maladie longue et dispendieuse. — (dans un endroit malpropre). Misère. — (dans ce qui ne se nomme pas). Argent, succès.

Marbre (noir). Deuil. — (blanc). Richesse, fortune. — (sculpté). Goût des beaux-arts.

Marchand. *Voyez* au mot *Commerce*.

Marché (faire un bon). Profit.

Maréchal (de France). Honneur, dignité, élévation. — (ferrant). Travail dur et pénible.
Marguerite. Innocence, plaisirs champêtres.
Mari (avoir un). Bon accord conjugal.
Mariage (songer qu'on se marie). Inquiétude, tracas. — (à une vilaine femme). Triste présage. — (à une belle). Jalousie, infidélité. — (à une fille vertueuse). Honneur, paix intérieure. — (à une veuve). C'est dommage. — (avec sa sœur). Péril. — (avec une inconnue). Traverse.

Marins (en voir en mer). Incertitude; ne spéculez pas, rien n'est certain; attendez, temporisez, ne vous pressez pas. — (les voir à terre). Présage contraire au précédent; ne craignez rien, marchez sans hésitation, la chance est pour vous.
Marionnettes (en voir). Inconstance en amour, instabilité en amour. — (les faire danser). Affaires brillantes, profit)
Marmelade. Industrie perdue, désespoir, ruine.
Marmite (pleine). Joie. — (vide). Peines au logis.
Marmiton, cuisinier (être). Affaires embrouillées.

Marmotte (en voir une). Misère, lenteur d'exécution. — (la montrer soi-même). Paresse, incapacité.

Marne, marnière. Bonne récolte.

Marraine (être). Nouveau lien d'amitié.

Marrons (crus). Espoir. — (cuits). Festin.

Marteau. Mauvais augure pour le songeur.

Martre. Tendance à l'inimitié, vengeance.

Martinet (fouet). Mauvaise conduite dévoilée.

Martyr (être). Considération, honneur.

Masque. Mascarade. — (en voir). Ruse. — (en porter). Supercherie.

Masure (voir une). Signifie joie, profit, élévation.

Matelas (neuf). Mauvais ménage. — (vieux). Contentement.

Matelot. *Voyez* le mot *Marin.*

Matelotte (en faire ou manger une). Bon commerce.

Matin (se lever). *Voir* au mot *Lever.*

Mauve. Succession inespérée.

Mécanique. *Voyez* au mot *Machine.*

Méchant (être). Inquiétude, contrainte. — (être victime par un). Honneur, gloire :

« L'homme heureux est humain : c'est le lion repu, dit Helvétius. Que le prince ne se fie pas à la bonté originelle des caractères. L'enfant noie des mouches, bat son chien, étouffe son moineau ; né sans humanité, il a tous les vices de l'homme. » Il est bon de faire observer ici que plusieurs philosophes ont exprimé une opinion peu conforme à celle-ci.

Mèche. Voyez *Lustre.*

Médaille. Signifie homme utile et vénéré.

Médaillon. Dénote un souvenir d'amour ou d'amitié.

Médecin (en voir un). Consolation, protection dans le malheur. — (l'être). Aimez à obliger tout le monde.

Médecine (en prendre une). Dégoût. — (la donner à un autre). Gain de cause.

L'Empereur Napoléon Ier dit dans son *Mémorial :* « Ce n'est qu'à force de constance, de ténacité que l'on parvient au but. Pour ce qui est de la santé, pas de drogues ; notre corps est une machine à vivre ; nous sommes organisés pour cela ; c'est notre nature. Ce corps est une montre qui doit aller un certain temps ; l'horloger n'a pas la faculté de l'ouvrir ; il ne peut la manier qu'à tâtons. Pour une fois qu'il la soulage avec ses instruments tortus, il l'endommage dix, et finit par la détruire. L'art de guérir est celui d'endormir l'imagination ; voilà pourquoi les anciens s'étaient affublés de robes qui frappent et qui imposent».

Médisant. Homme ou voisin redoutable.

Melon (en manger). Plaisir trompeur, vaines espérances.

— (en voir manger aux malades). Prompte guérison.

Mémoire (avoir de la). Bonne comptabilité, gestion sérieuse, temps bien employé, profit.

Ménage (être ou entrer en). Bonnes spéculations, si le songeur reste l'ennemi des flatteurs.

Ménétrier (voir ou entendre un). Accident à la suite d'un bal champêtre.

Mendiants. Chagrins domestiques, surtout s'ils sont plusieurs, et s'ils sont de sexe et d'âge différents.

— En voir un seul ne signifie absolument rien, du moins c'est une opinion émise par Artéphius, Paracelse et Henri-Corneille Agrippa.

M. L'Eméry, dans son recueil de *Secrets curieux*, t. IV, p. 348, dévoile ainsi ceux des faux gueux ou mendiants de l'ancienne Cour-des-Miracles, dont parle Victor Hugo dans sa *Notre-Dame de Paris :*

« Les uns, dit-il, avec la fumée du cumin, se rendent plus pâles. Les autres pour le même sujet, se parfument le visage de fumée de soufre ; quelques-uns se frottent de fleurs de genêt pilées ou de semences de carthame pour se rendre jaunes.

« D'autres se noircissent d'huile et de suie, pour paraître étrangers ou comme frappés de la foudre. Lesquels déguisements se reconnaissent aisément en les savonnant, le savon enlevant toutes les couleurs superficielles et ne laissant que celles qui sont naturelles. Quelques-uns s'appliquent sur les chairs une racine de renoncule dans la laine ou dans quelque autre émonctoire, pour y contrefaire le charbon.

« D'autres se font souffler entre chair et peau, par une incision qu'ils se font près de l'oreille ou ailleurs, pour se faire croire hydropiques.

« La flammule, le bois de figuier, la vigne blanche, le turbith, le suc de tithymale, et plusieurs autres simples caustiques, servent encore à faire des ulcères factices, que la science seule peut aisément discerner. »

Menottes. Mettez un frein à vos débordements.

Mensonge. Homme dangereux en affaires, à fuir.

Menuisier. Gaieté, franchise, loyauté.

Mer (la voir calme). Joie, secours. — (agitée). Danger imminent. — (trouble). Mauvais présage. — (y tomber). Maladie. — (bleue et ondoyante). Joie et facilité à parvenir.

Mercerie, Mercier. Mésintelligence.

Mère (habiter avec sa). Bonheur, sûreté. — (la voir morte). Inquiétude dans les affaires, perte.

Mérinos (moutons). Avenir fortuné, réussite.

Merlan (poisson). En manger, maladie. — (les voir). santé.

Merle (oiseau). En voir ou entendre chanter un, signifie caquets, calomnie, médisance.

Merveilles (voir des). Ineptie. — (en produire). Ostentation.

Mésange (oiseau). Prochaine succession de la campagne.

Messager (en voir un). Bonne nouvelle de loin.

Messe (entendre la). Profit, satisfaction, bonne chance.

Mesure. Parcimonie, justesse, justice.

Métamorphose. Changement de condition.

Métempsycose. Voyez *Superstition*.

Métier (en activité). Espoir. — (au repos). Gêne, chagrin.

Mètre. *Voyez le mot Mesure.*

Mets. *Voyez* au mot *Fricassée.*

Meubles (riches). Succès, profit. — (pauvres). Enfantement.

Meule (de moulin). Bonne espérance. — (de rémouleur). *Voyez* ce mot.

Meunier. Avis de Dieu de redoubler d'ardeur.

Midi. Cette heure n'a pas d'influence dans les rêves.

Mie de pain. Mauvaises relations, commerce ruiné.

Miel (en manger). Signifie voyage et prospérité dans ses entreprises. Ce qui est doux à la bouche est amer au cœur. — (rêver qu'on est dans la lune de miel). Signifie querelles conjugales, chagrins domestiques.

Migraine (avoir la). Maladie cérébrale sans danger.

Militaires (en voir sous les armes). Confiance, sécurité; le bonheur vous tend les bras.

Mille-feuille (arbuste). Nouvelles mortuaires.

Millionnaire (être). Bonne et heureuse réussite, après un long et pénible labeur.

Millet (en voir la terre couverte). Abondance, profit. — (en manger). Pénurie, misère.

Miné. Signifie que vous devez utilement employer le temps.

Ministre (voir un ou être). Grande et peu durable élévation.

Miroir. Vous êtes trahi ou vous le serez bientôt (si c'est vous qui vous y regardez). — (Si c'est un autre). On vous cherchera des procès, faites tout pour les éviter. Le meilleur ne vaut jamais rien.

Misère. *Voyez* au mot *Pauvreté.*

Mitaines. Flatterie, couardise, courtisanerie.

Mitraille. *Voyez* au mot *Guerre.*

Mode (suivre la). Épargnes dissipées sans fruits.

Modestie. Utile mentor à ne pas perdre de vue.

Moisson, Moissonneur (en voir). Dénote prospérité dans le commerce, abondance, heureux avenir : ouvrez vos greniers, préparez vos armoires.

Mollet (en regarder). Convoitise coupable, lubricité.

Monnaie (travailler à la). Espérances flatteuses. —(d'or). Grand profit. — (d'argent). Traverses, ennuis. — (de la fausse). Dénote honte et blâme. — (de cuivre). Pauvreté.

Montagne (en monter une). Signifie peine ou voyage éloigné. — (en descendre). Petite nécessité, indolence.

Monter (sur un arbre). Cela dénote que l'on changera bientôt son sort présent contre quelque chose d'avantageux.

Monument (funèbre). Signifie enfantement, naissance.

Montre (en voir une). Profit.

Monstre. Ce songe est d'un mauvais présage.

Montrer (enseigner). Dénote une grande souffrance morale.

Moqueur, Moquerie. *Voyez* le mot *Sarcasme.*

Morgue (orgueil). *Voyez* ce mot. — (dépôt mortuaire) (y être exposé). Maladie prochaine.

Mort (baiser un). Signifie longue vie.— (lui donner quelque chose). Dommage. — (mort d'enfant). Dénote profit et réussite. — (voir des parents ou amis morts). Signifie mariage, naissance ou grande joie. — (si un mort vous tire vos habits ou vos pieds ou vous dérobe vos effets). Cela dénote maladie dangereuse.

Pensez constamment à la mort, mais ne la redoutez pas, elle n'effraye que le coupable. Elle n'arrive qu'une fois, et se fait sentir à tous les instants de la vie; il est plus dur de l'appréhender que de la souffrir. L'inquiétude, la crainte, l'abattement ne peuvent l'éloigner; car au contraire ils peuvent la hâter.

LA BRUYÈRE.

Le premier homme, dont nous sommes tous descendus, était fils de la terre et petit-fils de rien.

Néron ayant menacé Démétrius de le faire mourir, celui-ci lui répondit: « La nature vous fait la même menace; » en effet, le quart des humains meurt avant 7 ans, — la moitié avant 17; — sur 10,000 hommes un seul arrive quelquefois à 100 ans; sur 100 personnes, 6 atteignent

60 ans, une seule arrive à 80. — En comptant sur la terre seulement environ 1 milliard d'hommes, il en meurt chaque année 33,333,333 ; — chaque jour 91,324 ; — chaque heure 3,380 ; — chaque minute 63 ; — chaque seconde 1.

D'après ce calcul il est mort depuis la création 26 quartillions, 628 trillions, 843 billions, 285 millions, 75 mille, 840 individus de l'espèce humaine jusqu'à 1845 ; ce qui exprimé en chiffres présente la numération suivante :

26,628,843,285,075,840.

La mort, cher lecteur, est de tous les maux le seul dont la présence n'ait jamais incommodé personne et qui ne chagrine les hommes qu'en son absence.

Morue (en acheter). Vanité. — (en pêcher). Sobriété. — (en manger). Contentement.

Mouche, Moucheron (en voir). Signifie tourment. — (en être piqué). Vengeance d'un ennemi.

Mouchettes. Mauvaises affaires contentieuses.

Mouchoir (perdre son). Joie et profit. — (blanc). Innocence méconnue. — (de couleur). Inconstance.

Moudre (songer moudre du blé). Signifie richesse. — (du café). Peine, chagrin. — (du poivre). Retard en affaire.

Moule (coquillage). *Voyez* au mot *Huîtres.*

Moulin (en voir un ou plusieurs). Signifie richesse et prospérité selon la vitesse dont on les voit tourner, ainsi donc à eau ou à vent c'est pénurie s'ils vont lentement.

Mousse (matelot). Voyage au long cours. — (écume). Colère. — (herbe). Promenade agréable à la campagne.

Moustache (en avoir de longues). Fortune à venir. — (de courtes). Humiliation, maladies que les médecins auront peine à connaître et par conséquent à guérir. Si vous êtes jeune fille à marier et que vous en rêviez, vous serez la maîtresse dans le ménage, votre mari sera d'un caractère faible.

Moutons (en avoir). Abondance, joie. — (en tuer). Malheur. — (les voir paître). Garantie d'un excellent voyage.

Muet (être). Signifie bavardage, indiscrétion.

Mule ou **Mulet** (en voir). Entêtement, malice, ennemis de votre repos.

Mur ou **Muraille** (en voir une). Affliction, peine. — (l'escalader). Signifie prospérité. — (entourée d'eau). Disgrâce. — (sauter par-dessus). Triomphe sur les envieux. — (en tomber). Plaisir modéré.

Mûres, Mûrier. (si l'on songe voir un mûrier ou manger de ses fruits). Cela dénote fertilité et abondance.

Muscat. Songer qu'on s'est enivré avec de ce vin ou quelque autre breuvage doux, signifie qu'on sera aimé et enrichi par quelque grand.

Musique (songer ouïr chanter en musique). Signifie consolation dans l'adversité.

Musette. Nouvelles d'un pays montagneux.

Myrte. Signifie mérite récompensé par l'estime.

Mystère. Plaisirs déshonnêtes.

Nacelle. Bonne nouvelle. — (si elle est vide). N'entreprenez aucune affaire.—(si, au contraire, elle est pleine de passagers et qu'elle arrive à bon port.) C'est le moment de commencer votre entreprise.

Nager. *Voyez* le mot *Baigner*.

Naître (naissance). Voyez *Enfantement, Grossesse.*

Nains. Dénote que vous végéterez encore longtemps; attaque peu redoutable.

Natte (tresse). Doux repos, retraite paisible.

Naufrage (songer faire un). Signifie péril, agitation.

Navet (en voir ou en manger). Espoir. Les concombres ont la même signification.

Naviguer (sur mer). Heureux présage pour le songeur.

Navire (en voir périr un). Signifie danger de voyage. — (s'il vogue heureusement). Bonne chance.—(se promener dedans). Sûreté en ses affaires.—(s'il brûle en mer). Meilleure chance encore.—(si l'eau est agitée). C'est le contraire. — (en tempête). Grande et imminente catastrophe.

Nèfles (néflier). Entreprises menées à bonne fin.

Négligence. Intérêts gravement compromis.

Nègre, Négresse. Signifie mélancolie, tristesse.

Neige (en ramasser ou jouer avec). Signifie procès. — (en voir tomber). Dénote aux commerçants embarras dans leurs affaires, et aux gens de guerre, douleurs: l'on prétend que Napoléon Ier, la veille de la bataille de Waterloo, rêva qu'il traversait une seconde fois avec son armée le grand Mont-Saint-Bernard.

                       EMILE MARCO-SAINT-HILAIRE.

(Abondance de neige). Comptez sur d'abondantes récoltes.

Nénuphar. Avortement, infanticide.

Nerfs (avoir mal aux). Chagrins domestiques, querelle.

Nettoyer (tel ou tel objet). Réparation d'une insulte.

Neuf ou neuve (objet ou chose). Bonne renommée.

Neveu ou nièce. Dénote qu'il est doux d'être bien en famille.

Nez (songer l'avoir plus gros qu'à l'ordinaire). Signifie richesse et puissance. — (n'en pas avoir). Pauvreté. — (long démesurément). Prévoyance.

Nids (dénicher des nids d'oiseaux). Signifie mauvais propos contre soi. — (de serpents). Dénote grande querelle. — (Voir un nid rempli de petits oiseaux). Fécondité, la moisson sera bonne. — (si la mère revient au nid percée d'une flèche ou frappée d'un plomb meurtrier). Il y aura disette, ou du moins grande gêne.

Noces (songer y être). Signifie enterrement où l'on assistera. — (assister aux siennes). Infidélité de femme.

Nœud (serré). Séparation. — (rompu). Association.

Noisettes (en manger). Plaisirs innocents.

Noix. *Voyez* plus bas le mot *Noyer*.

Nombril (songer voir le sien ou celui d'un autre). Signifie qu'un parent ou intime est dangereusement malade.

Notaire. Publicité d'actes et faits honorables.

Nourrice (en voir une). Embarras, tristesse.

Nouvelles (bonnes). Profit. — (mauvaises). Bon espoir.

Noyade, noyé (voir un noyé). Triste présage. — (s'il est sauvé). Vous n'aurez pas à craindre de prochains malheurs.

Noyer (arbre) (en voir un). Signifie contrariété. — (en manger les fruits). Dénote richesse et contentement.

Nues, nuages (en voir). Signifie tempêtes, discordes.

Nu, nudité (songer courir nu). Dénote tromperie par des parents. — (rencontrer quelqu'un nu). Signifie négoce avantageux. — (voir une femme nue). Honneur et joie.

Nuit (calme). Bonheur en ménage. — (agitée). Intrigue.

Numéros (songer des numéros). *Voir* le tableau au commencement de ce livre (Jours de la lune, etc, pag. 44).

Obélisque (en voir un). Généreux protecteur.

Obscurité (être dans l'). Livres de commerce à jour.

Œufs (en manger). Appétit paresseux. — (durs). Embarras dans l'œsophage. — (brouillés). Peines. — (si quelqu'un nous en barbouille le visage). Cela dénote persécution. — (les voir cassés). Signifie tristesse. — (s'il y en a un grand nombre). Cela signifie procès.

Odeur (sentir une mauvaise). Signifie maladie. — (une bonne). Santé, prospérité. *Voyez* le mot *Parfum*.

Œil (si quelqu'un songe qu'il a perdu la vue). Signifie qu'il est en grand danger de mort, ou quelqu'un de ses enfants s'il en a. — (avoir une bonne vue). C'est signe de longue et parfaite santé. — (-de-bœuf). Médisance, calomnie.

Oignons. Tristesse, chagrins cuisants.

Oies (en voir). Richesse, bon augure.

Oiseaux (en voir). Signifie plaisir, avantage. — (en tuer). Perte. — (les entendre). Caquets. — (les voir se battre). Guerre, dispute de voisinage, querelle.

Oiseleur (en voir un). Joie, espérance.

Olive. Amitié fraternelle, paix et concorde.

Olivier. Bonne intelligence entre parents et amis.

Ombrage. Ombre dénote repos, retraite et profit.

Omelette. Grande réunion d'amis.

Oncle ou tante. Signifie qu'une succession est proche.

Ongles (longs). Paresse. — (blancs). Luxe. — (rugueux). travail.

Onguent (en faire). Signifie ennui et tourment.

Opérateur. *Voyez* le mot *Charlatan.*

Or. *Voyez* au mot *Monnaie.*

Orage. *Voyez* les mots *Foudre, Éclair* et *Tempête.*

Orateur. Redoutez la parole mielleuse du flatteur; il perd celui qu'il caresse.

Orangers (en voir). Signifie ennui et pleurs.

Oranges (en voir ou manger). Dénote plaies et douleurs.

Oreilles (songer qu'on les nettoie). Signifie qu'on sera servi et obéi fidèlement. — (bouchées). Infirmité prochaine. — (plus longues que d'ordinaire). Bévues.

Ordures. *Voyez* les mots *Excréments.*

Orgueil. Vous avez tort d'écraser vos inférieurs.

Orge (en voir ou en manger). Richesse, contentement.

Orgues (songer en voir ou entendre). Joie, prospérité.

Orphelin. Protecteur bon et qui vous sauvera.

Orties (en voir). Fausseté et fourberie. — (en être piqué.) Bonheur en ménage.

Os, ossement (en voir de mort). Signifie traverses et peines. — (les ronger). Dénote peine inévitable.

Ouragan. Signe de grand danger. Voyez *Tempête.*

Oseilles. Entreprises sûres et durables.

Oubliettes. Veuvage, mort d'un parent éloigné.

Ours (si l'on songe en voir un). Cela signifie un ennemi riche et puissant, mais peu habile, qui cherche à vous nuire.

Outils. Signifie que seuls ils conduisent au doux repos.

Ouvriers (en voir beaucoup travaillant). Bonheur, prospérité pour le songeur, surtout s'il est dans l'industrie manufacturière.

Pacotille. Nouvelles d'outre-mer, profit, gain.

Paillasse (en voir un en parade). Fourberie.

Paillasson. Bassesse, couardise, souplesse.

Paille (en bottes). Abondance. — (éparpillée). Signifie misère. — (tenir en main et porter en lieu public un flambeau de paille). Honneur et sûreté en ses affaires.

Pain (en manger). Santé. — (du blanc). Gain. — (du bis). Contentement, goûts modestes.

Palais (en avoir un). Signifie envie. — (l'habiter). Protection puissante.

Palissades (voir palissader les fossés d'une ville). Signifie douleur et retard dans ses affaires. — (sauter au-dessus). Dénote célérité, prospérité, fortune.

Palmier (en voir un). Accomplissement de ses désirs. — (droit et avec de beaux rameaux). Gloire, triomphe sur des ennemis haut placés.

Palpitations (avoir des). Présage d'une grave maladie.

Panaches. Querelles entre époux, mésintelligence.

Panier (de fruits). Plaisir. — (de fleurs). Galanterie.

Pantalon (en porter de longs). Aisance. — (courts). Gêne. — (neufs). Inconduite. — (usés). Travail. — (à l'envers). Jalousie.

Paon (songer en voir un). C'est que l'on aura une belle femme. — (pour une fille). Elle aura un bel homme. — (pour les gens mariés). Cela signifie qu'ils auront de beaux enfants.

Pape, pope. Dénote que vous serez heureux en la vieillesse.

Papier (écrit). Nouvelles de chicane. — (blanc). Pureté de sentiment. — (de couleur). Trahison.

Papillons (en voir voltiger). Légèreté en spéculation, inconstance en amour.

Papillottes. Luxe futile, femme coquette et dissolue.

Pâques (faire ses). Bonnes habitudes menant à bien.

Paradis. Félicité conjugale, bon accord, succession.

Paralytique (songer l'être). Dénote de grandes traverses.

Parapluie. Prévoyance, longue attente.

Parapet. Chagrin, désespoir, suicide.

Parrain (être parrain). Vous devez tendre la main au faible qui tombe sous vos yeux.

Parents (rêver avoir pusieurs parents morts ou malades). C'est un signe précurseur d'un danger dont ils sont menacés.

Parc (se promener dans un). Convalescence, joie.

Parfums. *Voyez* le mot *Odeurs*.

Passe-port. Voyage qui sera mauvais pour vous.

Pâté. En faire ou manger, profit avantageux.

Patrouille. Bonne conscience, tranquillité.

Paume (y voir ou jouer). *Voyez* le mot *Main*.

Paupières (songer qu'on a les sourcils ou paupières plus grandes et plus belles qu'à l'ordinaire). Signifie qu'on possédera l'estime et l'amitié de chacun. — Si l'on songe qu'elles sont tombées, c'est le contraire.

Pauvres (en voir). Tristesse, ennuis causés par des pauvres.

Pays (inconnu). Signifie perte d'argent.

Pavé. Vous ferez bientôt des courses pour votre maison.

Patiner (ou voir). Plaisir éphémère, enfantillage.

Payer (un dû). Prospérité. — (Pour un autre), malaise.

Paysage. Vous recevrez très-prochainement un cadeau de loin.

Paysan. Nouvelle de la campagne.

Peau (en changer). Chagrin.—(Y avoir mal), consolation tardive.

Pêcher, pêches (songer en cueillir ou manger). Signifie contentement. — (Hors de saison), vaines espérances.

Pêcher (à la ligne ou au filet). Espérance, calme.

Pêcheur (voir un ou plusieurs à la ligne). Peines et misère.—(Au filet), grande joie et réussite.

Peignes (peigner). Propreté, soins en toute chose, amitié, et délivrance de mauvaises affaires. —(Jusqu'au bout des cheveux et avoir de la peine à les démêler), cela dénote travaux pénibles et procès.

Peintre. *Voyez* au mot *Portrait.* Amour des belles choses.

Pèlerin, pèlerinage. Songe de bon augure.

Pelle. Travail actif qui portera sa récompense.

Pelleterie. Exil sur une terre étrangère, où l'on prospérera.

Pendu. Mauvais présage, perte de bien par procès injuste, héritage frustré.

Pendule. Toutes les chances vont vous sourire.

Pénitence. Réussite après de longs et cuisants malheurs.

Perdrix (songer en voir). Signifie qu'on aura des relations avec des femmes vives et coquettes. — (En tuer ou manger), signifie qu'on sera trompé par des gens sans conscience, ingrats et malicieux.

Père ou papa (songer voir le sien). Bonheur, plaisir. — (Le voir mort), affliction, tristesse.

Péril (être en). Vos efforts vont être couronnés de succès.

Perles (avoir des). Luxe mondain.— (En vendre), préjudice, perte.

Perroquet (en entendre parler un). Signifie caquets, bavardage et qu'un secret vous sera révélé.

Perruquier (barbier). Maladie cérébrale, folie.

Persil. Avortement, biens mal acquis restitués.

Peste (avoir ou voir la). Calamité prochaine, rivalité.

Pétards (lancer ou entendre des). Elévation momentanée.

Peuplier. Grandeur prochaine, accroissement de fortune.

Peur. Pusillanimité de votre part qui gêne votre réussite.

Phénomène (voir un). Signifie que vous serez insulté pu-
  bliquement.

Philosophe. Suivez les avis de la première personne que
  vous verrez demain.

Phosphore. Une invention couve dans votre cerveau,
  courage !

Physicien. Vous n'abuserez plus longtemps de la crédulité.

Phthisie. Une maladie cruelle vous enlèvera votre ami.

Picotin (servir un). Perte d'animaux domestiques.

Pie ou des pies. Nouvelles désagréables.

Pieds (si quelqu'un songe les avoir coupés). Cela signifie
  perte. — (Y avoir mal), dénote rapidité d'expédition
  dans vos projets.

Piédestal (se voir sur un). Emprisonnement, procès.

Piéges (tendre des). Signifie que c'est vous qui vous y
  prendrez.

Pierres (songer que l'on marche dessus). Souffrances,
  vie pénible.—(En jeter), mélancolie.

Pigeons, pigeonneaux (songer en voir de blancs). Signifie
  vertu, succès dans ses entreprises.—(Bigarrés), tromperie.

Pipe (fumer dans une). Distraction; repos. — En acheter,
  ennui.

Piquer (larder). Les dépenses de votre maison réclament
  votre œil.

Piqûre (se faire une). Contrariété dans votre ménage.

Pirouettes (faire des). Vous avez beau éluder, l'on vous démasquera.

Pistache. *Voyez* le mot *Joueur de Gobelets.*

Pistolets (faire usage de). Dénote crainte, mauvaise conscience.

Pitié, compassion (en avoir). Bonté. — (En être l'objet), misère.

Plage, rive. Vous courrez cette année un danger sur l'eau.

Plaie (en voir une et la panser). Philanthrope qui vous servira.

Plaider (voir). Un procès fera injustement votre fortune. (plaider soi-même), danger sérieux que vous ne pourrez éviter qu'à force de sagesse et de prudence.

Plaine (être dans une). Joie et plaisirs champêtres.

Plaisirs (manger ou acheter des). Enfantillage, légèreté.

Planètes (voir une ou des). Mauvais présage.

Plante (quelconque). Goûts simples et modestes.

Pleurer. Signifie gaieté, contentement.

Plomb (fondre ou vendre du). Haine, vengeance.

Pluie (la voir tomber sans orage). Abondance de — biens. (Continuelle), famine, misère dans votre maison.

Plumes (en voir de noires). Affliction. — (De blanches), prospérité dans vos entreprises.

Poêle (tenir la queue d'une). Bon ménage, soins vigilants. — (Se chauffer au), nonchalance, adversité.

Poésies (en faire). Misère cachée, honnêtes sentiments.

Poignard (en voir un levé sur soi). Danger imminent. — (En être frappé), mauvais présage. — (En frapper quelqu'un), triomphe.

Poing (recevoir des coups de). Honte. — (Au visage), duel, dispute.

Poil (en être couvert). Santé prospère.

Poires (en manger). Plaisirs. — (Mûres), tristesse. — (Vertes), espoir.

Poirée. Votre ménagère causera tous vos maux.

Pois (légumes), (en manger verts ou secs). Abondance.

Poids (justes). Bonne espérance.—(Faux), traverses, embûches.

Poissons (en voir dans l'eau). Profit. — (Sur la terre ou la paille), contrariété.—(Morts), espoir trompeur.

Poitrine (y avoir mal). Signifie intempérance, malheur.

Poivre. Une grande indisposition retardera vos projets.

Poli (honnête). Vous êtes appelé à une vie de délices.

Polissonnerie. Abandon de soi-même, mauvais penchant.

Pommade. Vous affichez trop de luxe, il vous perdra.

Pommes (En manger). Signifie altération. — (Mûres), espoir. — (Vertes), ennui.— (Blettes), caquet, médisance.

Pont (en passer un). Danger, tribulation.

Port de mer. Bonnes nouvelles d'un lointain pays.

Porte (de cave). Joie.—(De ville), perte prochaine, mais qui ne compromettra que faiblement vos intérêts. — (De prison), nouvelle d'un ami captif.—(Brisée), argent follement dissipé.—(De jardin), vous serez invité bientôt dans une réunion intime, où un mariage se fera.

Pompe (en voir jaillir l'eau). Etonnement et satisfaction. — (En voir une à sec), détresse, pénurie.

Portrait (songer en voir un). Attendrissement, doux souvenir. — (Le sien), contemplation bénévole, temps perdu.

Potence (y voir des pendus). Chagrin, pitié. — (Y être), réussite.

Poudre (acheter ou brûler de la). Mauvais créanciers, procès.

Poule (en voir une qui pond). Profit. — (Avec ses poussins), dommage.

Poulet (en recevoir un). Intrigue amoureuse.— (En envoyer un), réussite en amour.

Il est bon ici de donner l'origine du mot poulet donné aux billets doux. C'étaient autrefois, en Italie, les marchands de poulets qui se chargeaient des billets doux pour les remettre aux femmes; ils glissaient le billet sous l'aile du plus gras, et la dame, avertie, ne manquait pas de s'en emparer. Ce galant stratagème ayant été trahi, le premier mercure qui fut convaincu de cette complicité d'amour fut puni par *l'estrapade*, avec des poulets vivants attachés aux pieds. Depuis ce châtiment bizarre, *Poulet* est resté synonyme de billet doux.

Poumon. *Voyez* le mot *Poitrine.*

Poupée. Votre naïveté fait le triomphe de vos rivaux.

Poupon. Une naissance prochaine vous comblera de joie.

Pourpre (être vêtu de). Dénote conspiration, danger.

Pouvoir (se croire au). Triste augure pour vos intérêts.

Poux (en voir ou en avoir). Fortune, or et argent.

Prairie (s'y promener). Joie et santé. — (la voir faucher). Abondance.

Praticien. Un degré de perfection manque à vos travaux.

Précipice (y tomber par accident). Danger imminent.

Précipiter (se) dans un danger. Bonté. — (en affaires). stupidité.

Prédicateur. *Voyez* le mot *Sermon.*

Prélat. Un homme d'église vous protége.

Présent (en recevoir). Profit. — (en donner). Perte.

Presse (outil). Bon ami. — (foule). Affaires en mauvais état.

Prêtre (en voir un ou plusieurs). Respect, déférence pour la religion. *Voyez* les mots *Ecclésiastique, abbé.*

Prières (faire des). Noble cœur. — (en recevoir). Inquiétude.

Prince. Protection d'un grand, prochaine richesse.

Princesse. Femme bonne et serviable qui vous protége.

Prison (être en). Signifie péril, tracasserie.

Prisonnier (voir un ou être). Faillite, manque d'argent.

Procédure (procès). Des intrigants complotent votre ruine.

Procession. Longévité calme et heureuse.

Promenade (seul). Soucis. — (en nombreuse société).

Caquet, dispute. — (en tête à tête). Intrigue d'amour.

Prorogation. Jalousie qui troublera vos nuits.

Proscrit, banni. Heureuse nouvelle d'un ami éloigné.

Prudent, prudence. Joie immodérée et pourtant juste.

Prunes ou pruneaux. Infidélités de maîtresses.

Puanteur. Scandale, insulte, honte.

Puce (avoir des). *Voyez* le mot *Punaises.*

Pudeur, modestie. Songe toujours d'un heureux présage.

Puissances. Voyez *Grandeur, Elévation.*

Puits (y tomber). Réussite. — (en creuser un). Egarement, mauvaise gestion.

Punaises. (voir, sentir ou tuer des). Mauvaise conscience, insomnie.

Pupitre. Honnête homme qui vous guidera.

Purée (quelle qu'en soit la nature). Dénote réhabilitation.

Purgatif ou purgation. Changement de condition.

Pyramide (droite). Succès. — (renversée). Perte notable.

Quadrature. Vous serez victime d'une grave erreur.

Quais (courir les). Inquiétude, mauvaise conscience.

Quartier (d'animal quelconque). Cherchez-en l'explication au nom même, tels que *Agneau, Bœuf, Serpent,* etc. — (de garnison). Esclavage. — (de ville). Bonne société.

Quatuor (exécuter un). Goût des beaux-arts.

Quenouille. Dénote pauvreté, misère.

Querelle. Signifie amitié entre parents et amis.

Querelleurs (voir des). Changez au plus vite vos fréquentations,

Question (demande). Votre curiosité est mal fondée.

Questionneur. Ne négligez pas l'utile pour le futile

Quête (faire une). Mensonge, importunité.

Quêteur, quêteuse. Gens qui spéculent sur votre confiance.

Queue (quelle qu'elle soit). Ne dénote qu'abandon.

Quilles (y jouer). Signifie récréation prochaine. — (les voir tomber). Dénote perte d'emploi, revers de fortune.

Quincaillerie. Sûreté, sécurité, travail actif.

Quinconce (promenade). *Voyez* ce dernier mot.

Quittance (donner une). Profit. — (en recevoir une). Bonne relation.

Quinquina. Maladie, fièvre, affection morale.

Quolibets. Mauvaise société que vous fréquentez et que vous ferez bien de quitter.

Rabais (acheter au). Spéculation déloyale, vol.—(vendre au). Commerce ruineux.

Rabat. Vous recevrez une lettre d'un ecclésiastique.

Rabot. Par votre travail vous prospérerez, comptez-y.

Racines. *Voyez* le mot *Légumes.*

Radeau (construire un). Signifie qu'un ami secourable viendra à votre aide dans un pressant danger.

Radis ou raves. Franchise, cœur droit mais piquant.

Radotage. Votre routine paralyse vos facultés.

Rage. Perte prochaine de parents.

Raie (poisson) (en manger). Bon présage. — (en acheter). Précieuse découverte. — (terme linéaire). Devoir accompli.

Rajeunissement. Danger de mort, maladie.

Ragoût (en manger). Sensualité, gastronomie.

Raisins (songer le manger mûr). Signifie satisfaction et profit. — (vert). Mécontentement.

Râle, agonie. *Voyez* ce dernier mot.

Rame ou ramer. Vous verrez vos efforts brisés par des ingrats.

Rameau. Naissance prochaine dans votre famille.

Ramoneur. Signifie fatigue, honnêteté, faible gain.

Râpe ou râper. Malgré vos efforts vous ne réussirez pas.

Raquette. Vous serez l'objet d'un ballotage incessant.

Raser (voir ou se raser soi-même). Est un mauvais présage.

Rasoir. Perte, désespoir, suicide par amour.

Rats (songer en voir). Signifie ennemis fourbes et cachés.

Rate (y avoir mal). Joie, saturnales.

Râteau. Changez au plus vite tout votre entourage.

Ratafia (boire ou faire du). Dénote un penchant bachique.

Ravage (faire du). Signifie mauvais cœur, désordre.

Rayon (de soleil). Idée lumineuse, projet productif.

Rébellion (voir ou être d'une). Flatterie, intrigue, malheur.

Recevoir. Avarice, prêt à haut intérêt.

Regardé (se voir) d'un bon œil. Signifie jalousie et envie.
— (de côté). Signifie le contraire.

Récompense (en recevoir une). Espoir couronné de succès.

Réconciliation. Le dégoût et l'amertume seront votre lot.

Reconnaissance. Les ingrats vous bronzeront le cœur.

Récréation. Ne vous y adonnez pas autant.

Refus. L'union que vous projetez ne se fera pas.

Registre. Comptes en ordre, bonne maison.

Régiment. Nouvelles d'un ami sous les drapeaux.

Reine. Ambition coupable qui causera votre abaissement.

Réjouissance. Un grave accident va vous arriver.

Religieux. Ne fréquentez que les gens sérieusement vertueux.

Reliques (en voir). Doux souvenirs, sentiments religieux.

Remède. Une indisposition changera vos vues.

Remise. Signifie retraite, rentes, bon revenu.

Remouleur (en voir un). Signifie désordre dans ses affaires.

Renard (ou plusieurs). Finesse, astuce, besoin de nuire.

Rendez-vous. Malheur en amour, brouille.

Renommée. Votre réputation a besoin d'un vernis.

Rentes (en avoir). Misère. — (en désirer). Persistance.

Repas, festin (splendide). Signifie folie. — (de deux ou trois personnes.) Économie, sagesse.

Repasser. Opiniâtreté, courage, énergie.

Reposoir. Bonne route à suivre si vous visez au bonheur.

Reproche (en recevoir). Inconstance. — (en faire). Injustice.

République. Bonne amitié, sincérité, franchise.

Répugnance. Mauvais conseillers, gens pernicieux.

Reptiles. *Voyez* le mot *Serpent.*

Réservoir. Soyez économe du produit de vos travaux.

Retard. Une lettre attendue est en route.

Retour. Changement d'avis, heureux résultat.

Rêver. Ne comptez pas sur l'affaire qui vous occupe.

Réveillon. Vous allez recevoir une invitation d'amis.

Révélation. Signifie avertissement de Dieu.

Revenants. *Voyez* les mots *Spectre et Fantôme.*

Revendeur. Usure, trafic, honteux commerce.

Révérence. Une personne en place s'occupe activement de vous.

Révolte. *Voyez* les mots *Rébellion* ou *Conspiration.*

Rhume. Caractère irascible, coléreux et méchant.

Riches, richesse (en être favorisé). Grande joie, profit.

Rideaux (avoir des.) Bonnes mœurs, décence. —(de lit). Repos, calme d'esprit.—(de fenêtre). Curiosité, bavardage.

Ripaille. Vos goûts gastronomiques vous attirent le mépris.

Rival, rivalité. Réussite en amour, bon accueil.

Rire. *Voyez* le mot *Gaîté.*

Rivières. *Voyez* le mot *Fleuves.*

Rivage. *Voyez* les mots *Côtes et Plage.*

Riz (en manger). Grande abondance. — (en cultiver). Voyage au long cours, profit.

Robe (neuve). Tribulation, caquetage.—(usée). Tracas.

Rocher (songer être sur un). Signifie peine, fatigue.—(le monter ou gravir aisément). Bon augure.—(le descendre ou en tomber). Dénote perte, embarras d'affaires.

Rognons (y avoir mal). Mauvais augure. — (en manger). Joie.

Rognures. Placez utilement vos épargnes, le fonds est en danger.

Roi. *Voyez* le mot *Empereur,* auquel correspondent également les titres de *Bey, Dey, Schah, grand Sultan*

Roman (en lire.) Crédulité. — (en faire.) Ostentation, insuccès, déboire.

Ronces (en voir.) Signifie soucis, inquiétude. — (en être piqué). Malices des gens qui vous flattent et qui cherchent à vous nuire. (S'accrocher à un buisson de — ronces). Misères et souffrance.

Roses (en voir et les sentir). Plaisirs. — (fanées). Entreprise avortée.

Rosier. Bon ménage, heureuse union.

Rosée. Réputation de bon aloi, estime publique.

Rosette. Projets de bals, soirées ou festins.

Rosière. Candeur factice, vertu de composition.

Rôti (en voir un). Espoir flatteur. — (en manger). Joie et santé.

Rossignol (en voir un). Ostentation coupable. — (l'entendre chanter). Signifie allégresse, bonne harmonie.

Roue (ou des). Fortune rapide par des moyens non avoués.

Rouge ou **Vermillon.** Signifie éclat, faux brillant, coquetterie, femme astucieuse et galante.

Rougeole. Ce songe ne pronostique que des maladies.

Rubans (en voir). Signifie goûts futiles, immodérés.

Rubis. Riche mariage avec une personne éloignée.

Ruche (à abeilles). Travail, bon exemple, sobriété.

Rue ou ruelle. Attaque nocturne, guet-à-pens.

Ruine (de monument). Achat de biens-fonds. — (de maison de commerce). Amour mal placé, dissensions féminines.

Ruisseau (limpide). Place lucrative. — (stagnant). Maladie.

Rupture. Grande réunion de famille, dont vous sortirez accusé de félonie.

Rusé. Homme fin et méchant qui vous flatte constamment.

Rustique. L'on vous demandera bientôt à la campagne.

Sabbat (faire le). *Voyez* au mot *Bacchanal.* — (dimanche judaïque). Ingratitude.

bable. Signifie qu'il faut sagement et utilement employer le temps.

Sabots (en porter). Inconduite, pauvreté.

Sabre (en voir un). Querelle, discorde, divorce.

Sac. Préparatifs d'un voyage durant lequel vous apprendrez une mort bien pénible pour vous.

Sacrilége. Mauvaise conduite, débauche, misère.

Sage-femme. Naissance d'un héritier qui vous enlèvera un héritage sur lequel vous vous endormiez un peu trop.

Saignées (piqûre chirurgicale). Prodigalité, amour du prochain.

Saindoux. Calvitie, maladie de l'épiderme.

Saint ou sainte. Suivez la conduite de ceux qui prospèrent.

Salade (de telle nature qu'elle soit). Signifie âcreté du sang, résultant d'excès dont il faut vous corriger.

Salaisons. *Voyez* le mot *Sel.*

Sang (en voir couler beaucoup). Signifie prospérité. — (voir couler le sien). Espérance d'héritage. — (celui d'un autre). Victoire, triomphe.

Sanglier (en voir un). Cruauté, malveillance de la part de quelqu'un. — (en être mordu). Perte dans une affaire de commerce. — (le vaincre en le combattant). Dénote triomphe.

Sangsues (en voir). Signifie traîtrise, bassesse, câlinerie.

Sansonnet (l'entendre chanter). Inquiétude. — (le voir). Joie.

Santé (songer être en bonne). Dénote généralement l'inverse.

Sape (hoyau, instrument de mineur). Signifie éclat, rupture.

Sapin (arbre). Bon, loyal et sincère ami à conserver.

Sardine, poisson (en pêcher). Travail. — (en manger). Profit.

Sarrasin (blé noir). Misère affreuse et sans remède, disette.

Satin. Femme galante qui spécule sur votre bon cœur.

Satyre. Vous serez l'objet de la critique de tous.

Saucisse (en manger). Réunion d'amis. — (en faire).
Profit. — (en vendre). Chagrin, alarme motivée.

Saumon, poisson (songer que l'on en voit). Signifie querelle. — (en faire un commerce). Animosité, désunion.

Sauterelles (en voir). Signifie incertitude, lésinerie, incapacité.

Sauvage. Caractère jaloux, acariâtre et méchant.

Savate, savetier. Dénote misère, infortune.

Savon. Signifie ordre, économie, santé.

Scandale. *Voyez* le mot *Opprobre.*

Sceau. Faites du bien tant qu'il sera en votre pouvoir.

Scier (songer scier du bois de chauffage). Dénote activité
dans ses projets. — (scier ses meubles). Ruine, spéculation ruineuse.

Scorpions (en voir). Piéges que l'on vous tend, trahison

Secret. Signifie que vous devez moins propager les vôtres

Seau (vase). Ne comblez pas la mesure de vos iniquités

Séditieux. *Voyez* le mot *Conspirateur.*

Séducteur. Un heureux rival l'emporte sur vous.

Seigle. Toutes vos larmes ne sont pas encore versées.

Seigneur. Voyez *Duc, Comte, etc.*

Sein (voir celui d'une femme). Envie, convoitise dangereuse. — (y avoir mal). Abondance, fécondité dans
votre maison.

Seine (fleuve). Prochaine promenade nautique.

Sel (en voir ou manger). Conservation d'intérêts privés.

Scènes (dramatiques). Joie éphémère. — (dispute). Chagrins.

Semer. Voir *Ensemencer.* Espérance, doux avenir.

Séminaire. Prochaine prise d'habit d'un religieux.

Sénat, sénateur. Signifie élévation, dignité, honneur.

Sentinelle (en voir une ou plusieurs). Dénote sûreté.

Sénevé (graine). Malaise, maléfice, ennuis, pleurs.

Sépulcre. *Voyez* au mot *Tombeau.*

Sérénade (en donner une). Flatterie. — (la recevoir).

Bonne renommée. — (en entendre une). Joie, consolation.

Seringue. Convalescence, prochain retour à la santé.

Serin (l'entendre chanter). Plaisir, bonne nouvelle.

Sermon (en entendre un). Bonnes dispositions.

Serpents ou reptiles (en voir). Danger imminent auquel vous succomberez. — (les tuer). Ennemis dévoilés et confondus.

Sérail. Goûts dépravés, puissance des sens.

Serrure, serrurier. Sûreté dans vos entreprises, bon capital.

Servante. Réformez votre entourage, il vous nuit fort.

Service (de table). Réjouissance. — (d'argent). Secours inattendu.

Sifflet (en entendre). Crainte, appréhension fondée.

Signes (faire des) (à une femme). Indécence. — (à un homme). Intimité mal placée, liberté préjudiciable.

Singe (en voir un ou plusieurs). Signifie malice, effronterie, astuce, gens mal avisés.

Sirop. Amertume, maladie, chagrins.

Sœur (voir la sienne). Joie, satisfaction. — (religieuse). Bonne fréquentation, conseils à suivre.

Soie, soierie (en voir). Chagrin. — (en porter). Honnête aisance.

Soif (en souffrir et boire de l'eau fraîche et pure). Dénote prospérité, bonne santé. — (de l'eau tiède). Maladie. — (malsaine ou d'un mauvais goût). Prochains chagrins.

Soldat (en voir un ou plusieurs sous les armes). Dénote hostilités, empêchement. — (sans armes). Concorde, paix.

Soleil (le voir radieux). Honneurs, richesses. — (caché par des nuages). Maladie, tristesse. — (éclipsé). Accident passager. — (au levant). Espérance. — (au couchant). Vieillesse prématurée. — (en voir plusieurs ensemble). Famine, peste, guerre.

Somnambule. *Voyez* le mot *Magnétisme.*

Sorcellerie. *Voyez* au mot *Superstitions.*

Sot, inepte. Un niais, par sa sottise, nuira à vos intérêts.

Soufflet (en recevoir un). Humiliation, déshonneur. — (le donner soi-même). Affront vengé. — (de forge). Gain, profit.

Soufre (en voir ou manger). Mauvais présage.

Souliers (songer les mettre). Voyage très-prochain. — (les avoir troués). Gêne affichante. — (des neufs). Réussite, bon espoir. — (mettre ceux d'un mort). Triste nouvelle de famille.

Soupe (en manger). Prospérité, santé parfaite.

Souper. Nouvelles à la brune.

Sourcils (noirs). Malice, espièglerie. — (blonds). Douceur, tendresse.

Sourd, surdité. Dénote que vous refuserez de bien utiles avis.

Souricière. Procès, captivité, perte de crédit.

Souris (en voir une ou plusieurs). Ennemis adroits, insinuants. — (en attraper). Piège, trahison. — (en tuer), succès, réussite.

Sous ou sols (en voir). Convoitises. — (en avoir beaucoup). Misère.

Sous-sol. Maladie de courte durée, changement de condition.

Souterrain (songer y entrer). Signifie, crainte, ennui, danger. — (en sortir). Joie obtenue avec courageuse énergie.

Spatule. Dans une expérience vous vous blesserez affreusement.

Spectre. *Voyez* le mot *Fantôme*.

Spectacle. *Id* le mot *Comédie*.

Squelette. Vous apprendrez dans peu une perte bien sensible.

Stylet. *Voyez* le mot *Poignard*.

Succession. (Songer en faire une). Dénote pauvreté.

Sucre, sucrerie (en manger). Tromperie, mauvaise foi. — (en vendre). Fortune en danger.

Sûr (de sûreté). Hésitation, amour platonique.

Suie. Le feu consumera les 3/4 de votre avoir.

Suif. Richesse, fortune honorablement acquise.

Suisse. (concierge). Gloriole, affétérie — être ou aller en). Union entre frères.)

Supplice. (y aller). Signifie prospérité, honneur. — (en voir un). Dénote amertume, traverses, chagrins.

Superstitions. Tous les songes ayant trait aux effets surnaturels, d'où naissent souvent le *Cauchemar*, ne sont le plus souvent que le fruit de lectures ultra-dramatiques, de contes de bonnes femmes, ou les conséquences d'une conscience bourrelée de remords; il faut donc généralement s'imposer d'utiles réformes dans ses goûts et ses habitudes: c'est le seul et meilleur parti que l'on en puisse tirer; hors cela, ils n'ont aucune signification dans la science de l'onéiromancie, les sorciers dont on les fait émaner n'existant que dans l'esprit des gens timorés. En effet, cette qualification fut donnée à une classe très-nombreuse de savants incompris autrefois, et que de nos jours le progrès a justement vengés de l'ignorance de leurs contemporains. On prétend que dans l'ancienne province de Lorraine, en un seul espace de quinze ans, il fut rendu neuf cents arrêts de condamnation contre une foule d'individus accusés de démonomanie de divers genres. On cite spécialement un arrêt rendu à Metz, en 1588, qui a condamné 33 sorciers à être brûlés vifs.

On s'étonne toujours que les lois aient poursuivi comme sorciers des hommes tels que :

Faust, qui a inventé l'imprimerie avec Guttenberg; le géomètre Viète, qui avait le talent de lire les lettres écrites en chiffres;

Le rabbin Aaron, parce qu'on a trouvé dans son cabinet un livre apocryphe de Salomon, et que, par cette lecture, il pouvait faire paraître une légion de démons;

Un savant déféré aux tribunaux vers 1610, parce qu'il s'est servi d'un microscope qui fait paraître le contenu beaucoup plus grand que le contenant ;

Un innocent qui fut brûlé ainsi que son fils, à Constantinople, pour avoir fait cesser un miracle, par une opération magique, ce qui fut attesté par une révélation faite à l'évêque qui l'a dénoncé.

Faut-il redire ici ce que les capitulaires de Charlemagne et de Louis le Débonnaire infligent de peines graves aux fantômes enflammés qui se permettraient de paraître dans l'air.

Dirons-nous aussi que l'on trouve dans les comptes de la prévôté de Paris, pour 1466, cette mention : que l'on a condamné et exécuté à Corbeil, pour *sorcellerie*, Gilles Soulard et sa truie ?

Faut-il également rappeler le supplice d'Urbain Grandier, sous le règne du roi Louis XIII ? Il était chanoine et curé de Loudun, fort éclairé, doué d'un grand caractère, mais ennemi de Richelieu, alors premier ministre, et exerçant de fait les droits de la royauté. On l'accuse de magie, de sortilége ; il a livré des religieuses à des légions d'esprits infernaux ! Ces prétendues possédées le dénoncent comme sorcier, avec toute l'énergie des êtres malfaisants. Ces esprits sont entre autres : Astaroth, diable de l'ordre des séraphins ; Easas, Celsus, Acaos, Asmodée, de l'ordre des trônes ; Alex, Zabulon, Nephtalim, Ursel, Ahas, de l'ordre des principautés. Grandier est brûlé vif aux acclamations d'un public aussi féroce qu'ignorant, et dont la crédulité est fortifiée de nouveau par un moine qui prétend avoir vu, jusque sur le bûcher, une mouche noirâtre, du genre *bourdon*, tournoyant autour de la tête du malheureux Grandier, ce qui ne pouvait être que Belzébuth qui se préparait à emporter l'âme du criminel. Telle fut l'infortune de cette victime des erreurs populaires et de la vengeance implacable d'un prélat revêtu de la pourpre romaine. Cette barbarie a eu lieu en l'année 1609, après un long procès criminel et sur un arrêt solennel de la justice.

Nous pourrions ajouter les citations suivantes :

Le parlement de Paris, d'après le rapport du père Lebrun, jésuite, a condamné au feu des citoyens convaincus de sortilége, par onze arrêts solennels.

Dans une seule année, le parlement de Bordeaux en a fait brûler 600.

On sait que la pucelle d'Orléans fut brûlée à Rouen

comme sorcière ; et ce fut un tribunal présidé par un évêque français (1) qui montra, dans cette circonstance, le plus grand acharnement.

La maréchale d'Ancre a été brûlée comme magicienne, sur l'idée qu'un juif avait sacrifié un coq blanc dans le cabinet de cette infortunée ; et c'est sous le règne de Louis XIII, dit le *juste*, qu'il faudrait appeler le *faible*, qu'une pareille horreur se manifesta.

Ces persuasions superstitieuses, qui ne sont pas entièrement éteintes de nos jours, ont également amené une condamnation judiciaire qui fit conduire au supplice, à Wurtzbourg, en 1750, une malheureuse accusée encore comme sorcière. Enfin en Angleterre, au comté d'Hereford, et à la même époque, une autre femme, mais d'un âge extrêmement avancé, soupçonnée de prolonger si longtemps sa vie par des moyens diaboliques, fut aussi solennellement brûlée à petit feu.

Si ces horribles condamnations ont cessé à cette époque de 1750 (il en est peut-être encore de plus récentes), combien n'est-il pas à regretter que les peuples ne se soient pas plus tôt éclairés? Mais combien il a fallu de temps, en effet, pour dissiper de si cruelles erreurs, que nos pères pouvaient appuyer sur des décisions théologiques, telles que le 30° canon du concile de Laodicée, au IV° siècle, qui porte que *les prêtres et les clercs ne doivent être ni enchanteurs, ni mathématiciens, ni astrologues*, etc.! Faut-il s'étonner du maintien de ces mêmes erreurs, quand, sous Louis XIV, le jésuite Mallebranche, dans son *Traité de la Vérité*, tome I°, p. 426, ne craint pas de soutenir *qu'il est indubitable que les vrais sorciers méritent la mort?*

Tous ces faits divers sont constatés par l'histoire, indiqués au *Dictionnaire des Origines*, et rappelés dans des mémoires contemporains. Il est donc inutile d'ajouter qu'il n'est et qu'il n'y eut jamais de sorciers, et si nous

(1 Pierre Cauchon, évêque de Beauvais.

nous occupons aujourd'hui de l'interprétation des songes, c'est qu'ils émanent de Dieu, qui ne les envoie à l'homme que pour lui manifester ses volontés et le diriger vers le bien; aussi nous allons en reprendre l'explication empruntée à l'expérience de ceux qui les ont minutieusement approfondis.

Sépulture. *Voyez* le mot *Tombeau.*

Syntaxe (grammaire). Pas tant de belles paroles, plus d'effet.

Sycomore (arbre). Vous marchez à la mort d'un pas rapide.

Symétrie. Egalité d'humeur, commerce agréable, joie.

Synagogue. Fausse espérance, dehors mensongers.

Tabac (en priser ou fumer). Satisfaction de soi-même, — (en offrir à quelqu'un). Générosité. — (en perdre). Mauvaises affaires.

Tabatière (en acheter une). Futilité.—(En recevoir une), bonne amitié.

Tabernacle. *Voyez* le mot *Autel.*

Table. Signifie vie joyeuse, festin, réunion de famille.

Tableaux (voir de beaux). Sentiment du bien. — (De mauvais, penchant coupable.—(En acheter ou vendre), trahison, faux frère. — (Ecrits), bon ordre dans les affaires.

Tablier. Dénote l'économie bien entendue et le travail.

Tabouret (d'atelier). Profit, doux avenir.—(D'opprobre), ruine.

Taches (avoir des). Sur soi, désordre. — (En faire), médisance.

Taffetas. Signifie maladie, accident pour le songeur.

Tailleur (d'habits). Parcimonie, vol de confiance.— (De pierres), honneur, probité. — (De diamants), fatuité, orgueil.

Taillis. *Voyez* les mots *Bois* et *Forêts.*

Tambour (l'entendre). Signifie que vous perdrez quelque chose bientôt auquel vous tenez, dispute, guerre.

Tapisserie (en faire). Amourette. — (En acheter), mariage.

Tasse (pleine). Mauvais penchant. — (Vide), sensualité.

Taupe. Brouille, intrigue galante dévoilée.

Taureaux (en voir bondissant). Signifie que vous avez des ennemis puissants qui mettent tout en œuvre pour vous nuire.

Taverne. Mauvaises connaissances à fuir au plus vite.

Teigne. Vous appelez commerce légal votre déloyauté.

Teinture. Malgré vos efforts, votre crédit est entièrement perdu.

Télescope. Dénote que vous ne devez pas quitter de vue votre clientèle.

Télégraphe. Vous allez recevoir une nouvelle qui vous comblera de joie.

Témoin. (L'être d'une bonne œuvre). Succès. — (D'une mauvaise, ruine.

Témoignage (aller en). Mauvaises et inutiles entreprises.

Tempête (être dans une). Tourment, péril, crainte. — (En voir une), signifie désordre dans les affaires d'un autre, et qui vous regarde.

Temps. Tous les rêves applicables à ce mot sont d'utiles enseignements émanant de la Providence et qu'il vous faut suivre.

Tenailles (songer en voir ou tenir). Entraînement au mal.

Ténèbres (être dans les). Signifie qu'il est temps de veiller à vos intérêts.

Tente (en construire une). Surveillance, bonne gestion. — (D'armée), guerre entre voisins, procès pour diffamation.

Tenture (de quelque nature qu'elle soit). Deuil, mort de parents.

Terrasse (monter dessus). Forfanterie qui vous mènera à votre perte.

Terre (la voir couverte de grains et de fruits). Signifie abondance dans votre maison, richesse. — (La baiser), humiliation. — (En acheter un morceau), dénote pauvreté, mort prochaine.

Terrine (vase). Surveillez activement les soins de votre maison.

Testament (faire son). Mauvais présage. — (Voir faire celui d'un autre), c'est le contraire si c'est un parent, et duperie si c'est un ami.

Tête (la voir pâle). Maladie, crainte, pusillanimité, poltronnerie. — (Se la voir trancher), honneur. — (La trancher à un autre), vengeance, animosité. — (L'avoir grosse), gain, profit. — (Chevelure blanche), respect de tous. — (Idem noire), orgueil, vanité. — (Crépue ou hérissée), colère, haine, injustice. — (Petite), manque de prévoyance. — (Haute), dignité, changement d'emploi. (La tenir appuyée sur une ou deux mains), ennui, mélancolie, chagrin. — (De mort), appréhension fondée. — (En voir une belle), satisfaction, joie. — (Une laide, tristesse. — (La perdre), inquiétude, affront.

Thé (liquide). Songer en prendre signifie embarras d'affaires ou indisposition sans résultat redoutable.

Théâtre. *Voyez* aux mots *Comédie, Spectacle,* etc.

Thermomètre. Variation en bien ou en mal dans nos entreprises, suivant qu'il est à plus ou moins de degrés.

Thon (poisson). *Voyez* à ce dernier mot.

Tigre (en voir un ou des). Signifie hésitation, crainte, incapacité. — (Captif), sécurité, succès. — (Le combattre), intrépidité, caractère entreprenant. — (Le vaincre), dénote que vos ennemis chercheront vainement à vous nuire, tout tournera contre eux.

Tilleul (arbre). Retour à la santé, joie. — (Boisson, décoction), convalescence d'un ami.

Toilette (en avoir une simple ou brillante). Voyez *Habits*.

Toit (Voir celui d'une maison). Voyage, bonne réception, hospitalité. — (Tomber d'un toit), spéculation ruineuse, maladie.

Tombeau (en voir un). Signifie tristesse et perte prochaine. — (Y être enfermé), pauvreté, grande misère.

Tomber. Abaissement subit, ruine complète. — (Se relever promptement), secours inattendu. — (Dans l'eau), inquiétude, crainte. — (Par une fenêtre), perte d'argent. — (D'une muraille ou toute autre élévation), maladie, fièvre, douleur cérébrale.

Tonneaux (les voir pleins). Joie, allégresse. — (Vides), doux espoir.

Tonnerre (l'entendre gronder). Signifie colère, égarement, dispute. — (Le voir tomber), dénote qu'un créancier intraitable doit vous poursuivre à outrance.

Ce mot nous rappelle un fait qui prouve l'antiquité de l'influence des songes : Olympias, mère d'Alexandre, songea, selon Plutarque dans ses *Hommes illustres*, qu'elle entendait un furieux tonnerre, que la foudre tombait sur son sein. Les devins, consultés, déclarèrent que cette princesse était enceinte; et comme on disait que plusieurs fois on avait vu un grand serpent dans son lit, étendu près d'elle, on ajouta que Philippe, suspectant sa royale épouse, déserta souvent le lit conjugal, craignant qu'elle n'exerçât sur lui quelque sortilège.

Chez les Romains, le père des Gracques trouva aussi en songe deux serpents dans son lit, et ce prodige fut appliqué à ses fils Caïus et Gracchus, qui devinrent, peu après, victimes de la fureur populaire.

Torche (en tenir une à la main). Signifie joie et sécurité. — (La laisser tomber), mauvais augure. — (En voir un grand nombre d'allumées), dénote que vous serez dans peu élevé au-dessus de votre sphère.

Torrent. Danger imminent, perte subite de ses biens.

Tortue (en voir ou manger). Signifie affaires lentes à se débrouiller. — (En arrêter une), succès infaillible.

Toupie (y jouer). Signifie inconstance, brouille.

Tour (en voir une). Signifie chagrin, peines, captivité. — (Y être enfermé), espoir flatteur. — (Outil), bonne réussite, fortune rapide.— (Jeux d'adresse ou de force), misère, travail rude, pénible et insuffisant.

Tourterelles (en voir). Signifie fidélité conjugale, amitié.

Tragédie. Mélancolie, effroi, perte. Voir *Comédie.*

Tranchée (maladie). Santé. — (Fortifications), disputes, querelles.

Trappe (en voir une et tomber dedans). Signifie peine, agitation d'esprit. — (En voir sortir quelqu'un), dénote bonne et prompte réussite.—(Couvent d'hommes), ennui, dégoût, besoin d'isolement.

Travail (y songer). Augure favorable pour le songeur.

Treille (en voir une). Abondance. — (s'y promener). V. le mot *Vigne.*

Tremblement de terre (en voir un). Dénote que vous êtes menacé d'une catastrophe, ou ruine prochaine. — (en ressentir la commotion). Chagrin, maladie.

Tribunal (en voir un assemblé). Signifie que vous serez jugé sévèrement par vos amis si vous ne mettez pas un frein à vos débordements.

Trompette (en sonner). Signifie joie. — (l'entendre). Guerre.

Trône (avoir ou voir un). Économie, réussite.

Trône (voir un personnage élevé en dignité assis dessus). Signifie grandeur, élévation, protection d'un grand. — (y être soi-même). Joie de courte durée.

Troupeaux (en garder). Travail et persévérance. — (en voir). Envie, convoitise, bien mal acquis.

Truffes. Vous serez très-prochainement invité dans un banquet.

Truie. Mettez de l'ordre dans vos affaires.

Truites (en manger). Union prochaine. — (en pêcher). Brouille.

Tuer (de proches parents). Signifie que vous vous déshonorerez par une coupable action.— (des animaux quelconques). Vous triompherez de tous ceux qui cherchent à vous nuire.

Tunique (d'uniforme). Gêne, ennui.— (bleue). Gaieté.—

(verte). Espérance réalisée. — (blanche). Bonne renommée.

Turc. Persévérance, lointain voyage.

Tuteur, Tutelle. Courage, de francs amis viendront à
votre aide, vos tribulations touchent à leur fin.

Tuyaux. Suivant la nature noble ou abjecte de leur
usage. — (en songer). Dénote bonne ou mauvaise réussite, penchant bon ou mauvais, vices à réprimer, vertu
à suivre, si vous craignez de trop graves erreurs, écou-
tez les bons conseils qui vous viendront sous peu d'un
ami.

Ulcère (sur telle ou telle partie du corps). Dénote misère,
maladie chronique, non-réussite en affaires.

Université (en voir une). Bonne nouvelle. — (en faire
partie). Succès qui vous arrivera par suite d'un sage
avis.

Uniforme (en porter un). Changement de position ou
d'emploi. — (s'il est chargé d'insignes). Heureux augure.

Urbain, Urbanité. Dénote que vous devez constamment
gagner la considération d'autrui par votre bon cœur.

Urine, Uriner. Signifie maladie des intestins qui mettra
votre vie en danger si vous ne changez de conduite.

Usine (en voir ou diriger une). Grande joie pour le songeur.

Usure (s'y livrer). Opprobre, mépris. — (en être victime).
Voisins dangereux. — (s'y enrichir). Honte publique.

Ustensiles (quelle qu'en soit la nature). Economie, succès.

Vacances. La lenteur qui dirige vos actions vous ruinera.

Vaccin, Vaccine. Dénote qu'il vous faut bien choisir vos
amis.

Vaches (en voir paître). Richesse, joie, abondance —
(en traire). Inconstance. — (en acheter). Perte. —(en)
vendre). Dissipation, ruine.

Vaisseau (en voir un filer sous le vent). Succès dans
ses entreprises. — (le voir en danger). Avertissement

du ciel que vous courez à votre perte. — (s'il est porteur d'une riche cargaison). Prospérité, heureuse chance.

Vaisselle (si elle est d'argent ou en vermeil). Cela dénote misère. — (plomb, fer ou étain). Aisance et profit.

Vallée. *Voyez* plus loin le mot *Vallon.*

Valets, Domestiques (en voir). Nouvelles. — (derrière un équipage). Dignité, fortune. — (derrière ou conduisant une charrette).Ostentation préjudiciable.

Valeurs (en voir). Misère, procès, concurrence dangereuse. — (en toucher). Gain notable. — (courage). Bonne renommée.

Valise (pleine d'effets). Voyage et profit.—(vide). Misère.

Valse (songer que l'on). Signifie bonne nouvelle en amour ; déclaration agréée.

Vallon. Nouvelle de la campagne qui vous causera un déplacement.

Vase (rempli de fleurs). Joie, réunion intime. — (d'eau). Abondance, pureté de sentiment.

Vautour (en voir un dans les airs). Signifie élévation, honneur, dignité, réussite. —(mort). Chute d'un haut personnage, changement de position du songeur. —(le tuer soi-même). Méchancetés, découvertes, triomphe sur ses ennemis.

Veau (en voir un qui tette). Tendresse maternelle. —(qui bondit sur l'herbe). Nonchalance, enfantillage.

Veiller (au travail). Noble penchant. — (en orgie). Signifie malheur. —(auprès d'un mort). Maladie du songeur.

Veines (songer les avoir grosses). Goût obscène, excès de plaisir. — (crevées). Mauvais augure.

Velours (en être couvert). Gratitude dont vous serez l'objet. — (en acheter). Mauvais placement de fonds. — (en vendre). Spéculation heureuse, réussite prochaine.

Vendanges (faire vendange avec des vignerons). Joie, plaisir que vous éprouverez prochainement. — (la voir faire). Abondance, réunion de famille, richesse.

Vengeance (se venger d'une sottise). Dénote que vous serez victime de votre caractère haineux. — (être l'objet d'une vengeance quelconque). Signifie procès.

Vent. *Voyez* les mots *Tempête* et *Ouragan.*

Van, Vanner. Travail, économie dont vous allez fructifier.

Vapeur (quelconque). Signifie conceptions improductives. — (machines). Voyage prochain.

Ver ou vermisseau (en voir un). Dénote la bassesse d'une personne en qui vous aviez confiance, crainte, pusillanimité de votre part. — (en écraser). Triomphe.

Verdure. Plaisirs champêtres, joie, satisfaction.

Verge, tringle. Protection, appui.

Vergette, brosse. Vous rendrez bientôt des visites intéressées.

Verglas. *Voyez* le mot *Glace.*

Vermicelle (en manger). Déplacement avantageux. — (en acheter). Retour à la santé, convalescence.

Vermine (en avoir). Fortune inattendue, bonheur dans votre famille, bon intérieur. (les poux surtout le dénotent).

Verre (en boire un d'eau). Tempérance. — (de vin). Consolation. — (de bière). Voyage. — (de liqueurs alcooliques). Débauche.

Verrue, callosité. Votre inconduite vous mène à votre perte.

Vessie (gonflée). Projets chimériques, ostentation.— (plate). Humiliation, bassesse, couardise. — (y avoir mal). Crainte, malaise.

Vestale (en voir une). Grande joie causée par une femme. — (l'être soi-même). Vous exploiterez la crédulité d'autrui.

Veste (neuve). Accord entre amis. — (usée). Travail peu productif, désunion dans son ménage.

Vêtements (neufs et propres). Prévoyance dans les affaires, bonne considération. — (usés ou malpropres). Honte et négligence. — (modestes et simples). Gés-

tion utile. — (chamarrés ou recouverts de broderies).
Honneurs, dignités. — (en mauvais état). Chagrin,
perte dans vos spéculations.

Veuvage (y songer si l'on est garçon). Dénote union
prochaine. — (si c'est une fille). Intrigue, amourette.

Viande (en voir ou manger). Goût immodéré des plaisirs. — (si elle est crue). Cela annonce des peines cuisantes.

Victoire (en remporter une). Chagrin, tristesse, regrets.

Vieillard (l'être subitement devenu). Considération,
respect, promptement acquis. — (en voir). Bons avis
à suivre.

Vielle (l'entendre). Mélancolie, attendrissement. — (en
jouer). Peines, afflictions.

Vierge. Signifie sagesse, bonnes mœurs, amour honnête.
— (songer que l'on voit l'image de la Vierge). Protection toute maternelle et inattendue.

Vigne (se promener dans une). Contentement, abondance. — (y manger du raisin). *Voyez* ce mot.

Village (en traverser un). Ennui en voyage. — (y de-
meurer). Repos, retraite, bonheur en famille.

Villageois ou villageoise (en voir). Annonce un très-
prochain voyage à la campagne pour affaires d'intérêt.

Ville (grande). Heureux déplacement, bonnes spéculations. — (de guerre). Tracas et pertes. — (en ruines).
Perte notable.

Vin (en récolter ou avoir). Abondance dans votre maison. — (rouge). Retour à la santé. — (blanc). Faiblesse de complexion. — (en fûts). Retraite agréable.
— (en bouteilles). Economie. — (en faire abus). Chagrins, déréglement, inconduite.

Vinaigre (rouge). Honte, affront. — (blanc). Peines,
afflictions.

Violon (en entendre jouer). Fête de famille à laquelle
vous serez invité, mariage, festin, repas de corps. —
(si c'est par de mauvais exécutants). Vous serez im-
portuné pour un emprunt. — (être mis au violon).

Mauvaise considération dans votre voisinage, crédit perdu.

Violette (en voir). Modestie, goûts simples et modérés. — (en cueillir). Honnête amour, prochaine union.

Vipère. *Voyez* les mots *Reptiles* et *Serpents.*

Visage (en avoir un plus beau qu'à l'ordinaire). Est un favorable présage. — (s'il est plus laid). C'est le contraire.

Nous ajouterons ici les remarques physionomiques de Spurzheim, qui dit que l'homme ou la femme qui a le visage charnu, l'estomac gros et large, marque force, hardiesse, avarice, colère, curiosité, envie et prudence.

L'homme ou la femme qui a le visage maigre et l'estomac velu, signifie force, prudence, luxure, grande mémoire, travail et serviabilité.

L'homme ou la femme qui a le visage fort petit, le nez long et un peu délié, et l'estomac étroit, est hardi à parler en public, probe en ses actions, prompt aux injures, trompeur, envieux, discret, mal intentionné et plein de dissimulation.

L'homme ou la femme qui a le nez retroussé, l'estomac plein et gras, le visage charnu, passablement régulier, est joyeux, de grande mémoire, ambitieux, a de l'esprit, une grande capacité, aimant la paix, discret et d'un commerce agréable.

L'homme ou la femme qui a le visage long, le nez aquilin, l'estomac de forme ordinaire et les lèvres minces, est d'un grand esprit, adroit dans ses projets, calomnieux, séducteur, partisan des richesses et des honneurs mais se plaisant à nuire aux autres.

Vision (avoir une). Prenez-en l'avertissement à la lettre.

Visite (en recevoir une). Estime, amitié. — (si elle est intéressée). Considération, succès. — (si vous en rendez une). La signification est opposée, à moins que ce ne soit celle d'un grand.

Vitres (en voir). Conseils de sagesse. — (en casser).

Etourderie qui compromettra vos intérêts, dispute, querelle.

Voisin, ou voisine. Bonne considération, société utile.

Voisinage. Propos indiscrets, calomnie, bavardage.

Voiture (en voir une). Convoitise. — (la désirer). Utile émulation. — (l'avoir à soi). Moment de quitter les affaires.

Voix (en entendre une agréable). Bonne nouvelle. — (disgracieuse). Querelles prochaines, procès, tribunal.

Voler (dans les airs). Mauvais augure, chute prochaine. — (larcin quel qu'en soit l'objet). Réussite par rapines.

Voleurs. *Voyez* les mots *Bandits* et *Brigands*.

Volet ou volets (en faire poser). Crainte, méfiance utile. — (en briser), scandale dans votre maison.

Vomir, *vomissement*. Vous recouvrerez des objets que l'on vous avait détournés, mais sans en connaître l'auteur.

Voyage (songer que l'on est en voyage dans une voiture quelconque). Dénote prompte réussite en affaires. — (si l'on fait le parcours à pied). Cela signifie que l'on obtiendra le même résultat, mais avec lenteur. — (Si l'on songe voyager avec d'autres). L'on sera forcé de former une association dans le but de réussir. — (si l'on porte soi-même son bagage). Tracas et perte.

Voyageurs (voir des). Persévérance, gaieté. — (s'ils paraissent fatigués). Chagrins, peines et tracas.

Vrilles (se servir de). Dénote opiniâtreté dans un travail difficultueux en apparence, mais qui vous enrichira.

Wagon (voyager en wagon). *Voyez* ce mot à l'article *Chemins de fer*, ou au mot *Voyage*.

Yatagan. Voyez *Sabre* ou *Armes blanches*.

Yacht (bateau). *Voyez* ce mot et celui de *Canotiers*.

Yeux (les avoir sains). Signifie sûreté dans les affaires que l'on entreprendra. — (s'ils sont malades, cuisants ou chassieux). Dénote tristesse, chagrins domestiques. — (sanguinolents). Colère, inconduite.

L'homme ou la femme qui a les sourcils longs et de grands yeux, a beaucoup de capacité, un esprit subtil, ordinairement paresseux, envieux, qui ne peut garder un secret, menteur, prompt à se fâcher, pauvre en mémoire, faible de jugement, et peu sage.

L'homme ou la femme qui a les sourcils qui croisent, et les yeux noirs et ouverts, est méchant, trompeur, dissimulé, envieux, impie et sans conscience.

L'homme ou la femme qui a les sourcils courts, mal arrangés, et les yeux saillants, marque un peu de folie, un peu prodigue, serviable, d'un esprit et d'un jugement grossier, inconstant, changeant et fantasque.

L'homme ou la femme qui a les sourcils mal garnis, et les yeux ronds, est honteux, faible, simple, facile à croire ce qu'on lui dit; un petit esprit, d'un jugement lent; souvent malheureux à garder la fortune et libéral.

L'homme ou la femme qui a les sourcils arqués et les yeux hagards, regardant de côté, est trompeur, chicaneur, avare, envieux, menteur, aimant le scandale, coléreux et fort enclin au mal.

L'homme ou la femme qui a les sourcils bas du front, les yeux variables et non fixes, est ordinairement fougueux, orgueilleux, luxurieux, séducteur, envieux, violent, admirateur du beau et susceptible de faire alternativement le bien et le mal.

Yeuse, chêne (en voir un). Prochaine partie de campagne.

Ypre (ville). Vous ferez un voyage qui vous sera préjudiciable.

Zèbre (en voir un). Dénote variation dans vos projets.

Zèle (en montrer en telle ou telle chose). Joie, profit, réussite.

Zéphir (figure mythologique) (en voir un qui voltige). Signifie inconstance, légèreté en amour ou en affaires. — (songer l'être soi-même). Santé, gaieté, plaisirs.

Zéros (voir ou faire). Tâtonnement, incertitude, nonchalance.

Zigzag (marcher en). Mauvais penchant, inconduite, malaise.

Zinc (en voir, acheter ou employer). Elévation de fortune.

Zizanie (discorde). Vous serez bientôt victime de votre méchanceté.

Zodiaque (voir un). Maladie cérébrale, folie, divagation.

Zone (en changer). Signifie que vous recevrez sous peu la nouvelle d'une perte qui vous intéresse dans un pays maritime.

FIN DE L'INTERPRÉTATION COMPLÈTE DES RÊVES, SONGES

ET VISIONS.

DEUXIÈME PARTIE

———

LA CARTOMANCIE

L'art de tirer les CARTES est un des plus anciens moyens de divination, en effet, dans l'antiquité égyptienne, nous voyons les savants faire usage des *cartes tarots* ou *livre de Thoth* ; mais alors cette science n'étant en quelque sorte qu'un secret entre leurs mains, ne put se vulgariser ; ce n'est que lors de l'introduction en France, au xiv° siècle, sous le règne de Charles VI, des cartes à jouer telles que nous nous en servons encore aujourd'hui, que certains chercheurs purent retrouver et faire revivre la connaissance de l'avenir par la *cartomancie*. Les résultats obtenus furent tellement remarquables, que cette science se popularisa de façon à vivre jusqu'à l'époque actuelle. Sans prétendre arriver à la perfection du cartomancien MOREAU, que *Napoléon* I⁹ consultait quelquefois, ni à celles de madame Lenormand et Clément, nos célèbres contemporains, nous espérons pourtant qu'à l'aide de nos instructions, l'on pourra obtenir des réussites satisfaisantes et trouver dans notre travail le repos de l'esprit et la consolation du cœur.

L'ÉDITEUR.

*Valeur des cartes. — Hiérarchie des couleurs. — Signi-
fication individuelle des cartes. — Signification relative.*

VALEUR DES CARTES.

Dans toutes les opérations de la cartomancie, l'as doit
être considéré comme la plus forte carte; le roi vient ensuite, puis la dame, le valet, le dix, le neuf, le huit, le
sept. Cependant il y a certaines méthodes où le roi tient
le premier rang, et que l'as n'a que le quatrième, c'est-
à-dire qu'il est inférieur au valet, et supérieur au dix.
C'est ce dernier ordre qu'avait adopté le savant Etteilla;
mais cette différence est peu importante, et de l'avis des
cartomanciens les plus célèbres, elle n'apporte aucun
changement aux résultats que l'on doit obtenir. La vérité
est, qu'il n'y a pas plus de raisons pour placer l'as avant le
roi que pour le placer après le valet; il semblerait plus
rationnel de le placer après le sept, auquel, dans l'ordre des
nombres, il est inférieur. Quoi qu'il en soit, on pourra le
considérer comme supérieur au roi ou inférieur au valet,
sans le moindre inconvénient, et si l'opération est bien
conduite, d'ailleurs, l'explication ne différera pas.

HIÉRARCHIE DES COULEURS.

La hiérarchie des couleurs est ainsi établie : les trèfles
d'abord, attendu qu'en général les trèfles sont bons et
heureux, et ne sauraient être d'un mauvais présage ab-
solu, quel que fût leur nombre et la manière dont ils seraient
accompagnés.

Viennent ensuite les huit cœurs qui, en général, annoncent la joie, la libéralité, la douceur.

Le troisième rang appartient aux carreaux qui, en général, signifient retard, querelle, contrariété.

Le dernier rang est assigné aux piques qui, en général, présagent tristesse, maladie, perte d'argent.

Il est bien entendu que nous parlons de chacune de ces couleurs *en général* et lorsqu'elles sont en majorité dans les cartes tirées ; car autrement le mal qu'annoncerait une ou deux cartes pourrait être paralysé par la signification des cartes entre lesquelles elles se trouveraient ; de même que le bien annoncé par une ou deux bonnes cartes pourrait être modifié par les cartes voisines.

SIGNIFICATION INDIVIDUELLE DES CARTES.

La signification individuelle des cartes est souvent bien différente de leur signification relative. Ainsi, par exemple, le roi de cœur, le neuf de cœur et le neuf de trèfle pris individuellement signifient homme libéral, joie, réussite en amour ; mais la manière dont ces trois cartes sont placées peut changer entièrement cette signification ; ainsi, si le roi se trouvait entre les deux neuf, cela signifierait qu'un homme riche et heureux en ce moment sera prochainement mis en prison. Voici donc la signification individuelle des trente-deux cartes employées ordinairement par les cartomanciens.

L'as de trèfle signifie joie, argent, bonnes nouvelles ; s'il est retourné, la joie sera de courte durée.

Le roi de trèfle est un homme loyal, aimant à rendre service ; s'il est renversé, il sera contrarié dans ses projets.

La dame de trèfle est une femme honnête, aimante ; mais vive et d'une grande susceptibilité ; si elle est renversée, c'est une femme jalouse et impie.

Le valet de trèfle est un jeune homme entreprenant et adroit ; s'il est retourné, c'est un flatteur peu dangereux.

Le dix de trèfle annonce de la fortune, des succès, de la grandeur ; retourné, petite réussite.

Le neuf de trèfle annonce de l'argent sur lequel on ne

comptait pas ou une succession qu'on n'avait pas prévue ; s'il est retourné, petit présent.

Le huit de trèfle annonce qu'une jeune fille brune est dans des dispositions favorables d'où il résultera une grande joie ; s'il est retourné, la jeune fille est une sotte qui se laissera tromper par un mauvais sujet.

Le sept de trèfle signifie une petite somme d'argent ou créance que l'on croyait perdue et que l'on recouvrera ; s'il est renversé, la somme d'argent sera plus faible.

L'as de cœur signifie lettre d'amour, nouvelle agréable ; s'il est renversé il annonce une visite d'ami.

Le roi de cœur est un homme blond, franc et libéral ; s'il est renversé, il annonce un obstacle imprévu à l'exécution de projets honnêtes.

La dame de cœur est une femme douce et aimante ; si elle est renversée elle signifie espoir déçu.

Le valet de cœur est un joyeux garçon, un viveur qui songe au plaisir ; s'il est renversé, c'est un militaire mécontent.

Le dix de cœur signifie joie, triomphe ; s'il est renversé, légère inquiétude.

Le neuf de cœur signifie satisfaction, réussite ; s'il est renversé, il annonce un chagrin passager.

Le huit de cœur annonce réussite en amour près d'une jeune blonde ; s'il est renversé, il signifie indifférence.

Le sept de cœur annonce de douces pensées, la paix du cœur : s'il est renversé, il présage de l'ennui.

L'as de carreau est une lettre que l'on recevra bientôt ; s'il est renversé, cette lettre contiendra une nouvelle désagréable.

Le roi de carreau est un militaire blond ou un homme méchant, dangereux ; s'il est renversé, il annonce un danger prochain.

La dame de carreau est une femme médisante, de mauvaises mœurs ; si elle est renversée, ses mauvais propos seront redoutables.

Le valet de carreau des nouvelles apportées par un serviteur peu fidèle ou un militaire de mauvaise conduite ; s'il est renversé les nouvelles seront mauvaises.

Le dix de carreau signifie voyage ou changement de demeure ; renversé il annonce que ce changement ne sera pas heureux.

Le neuf de carreau signifie contrariété, retard ; s'il est renversé il présage de la brouille en amour ou dans la famille.

Le huit de carreau annonce des démarches amoureuses ; s'il est retourné, ces démarches n'auront point de succès.

Le sept de carreau signifie satire, moquerie ; s'il est retourné, caquets d'enfants.

Nota. Pour savoir si les carreaux autres que les figures, sont retournés, il faut, avant d'opérer, faire une petite marque au côté que l'on voudra considérer comme étant le haut.

L'as de pique signifie plaisir, succès auprès de la femme aimée ; s'il est retourné, tristesse, mauvaises nouvelles.

Le roi de pique est un homme haineux, un plaideur de mauvaise foi ou un homme de robe que l'on doit craindre ; s'il est retourné, ses efforts pour le mal seront impuissants.

La dame de pique représente une veuve ; si elle est renversée, c'est une femme dangereuse et redoutable.

Le valet de pique est un jeune homme brun, de mauvaises mœurs ; s'il est renversé, il médite une trahison.

Le dix de pique signifie pleurs, prison ; s'il est renversé, la peine sera de peu de durée.

Le neuf de pique est un présage de mort ; s'il est renversé, perte de parents.

Le huit de pique annonce une maladie prochaine ; s'il est renversé, mariage manqué.

Le sept de pique signifie peines passagères ; s'il est retourné, intrigue sans importance.

Nota. Les figures en cœur et en carreau sont généralement des personnes blondes, et les figures en trèfle et en pique des personnes brunes.

SIGNIFICATION RELATIVE DES CARTES.

Quatre as sortant de suite annoncent des dangers, des chances fâcheuses dans le commerce ; et si la personne qui consulte se trouve impliquée dans quelque mauvaise affaire, la sortie des quatre as ensemble présagerait un emprisonnement prochain. Si l'un ou plusieurs des quatre as sont renversés, le danger sera moins grand ; mais il n'en sera pas moins certain.

Trois as de suite, nouvelles favorables ; s'ils sont renversés, intrigues coupables, adultère.

Deux as de suite, complot ; s'ils sont renversés le complot ne réussira pas.

Quatre rois sortant de suite signifie récompense, dignité, honneurs ; si l'un ou plusieurs d'entre eux sont renversés, les honneurs qu'ils présagent seront moins grands, mais ils seront plus prochains.

Trois rois annoncent une consultation d'hommes sur une affaire importante et une grande réussite ; si l'un ou plusieurs sont renversés, le succès sera douteux.

Deux rois signifient projets que font ensemble deux hommes d'égale fortune et de même avis ; si l'un ou tous deux sont renversés, les projets ne recevront pas d'exécution.

Quatre dames sortant de suite annoncent plaisirs, réunions, bals, festins ; si une ou plusieurs sont renversées, les réunions seront mêlées et il s'y trouvera des femmes de mauvaise vie.

Trois dames signifient un conciliabule féminin où l'on discutera beaucoup sans rien arrêter ; renversées, elles annoncent ruse et tromperie.

Deux dames annoncent réunion de deux amies, si elles sont renversées, peines et misère qu'elles partageront.

Quatre valets signifient réunion joyeuse et bruyante où les jeunes gens seront en majorité ; s'ils sont renversés, pauvreté.

Trois valets, mauvais propos, faux amis; renversés, querelle entre gens du peuple.

Deux valets, projets coupables; s'ils sont renversés, danger.

Quatre dix qui sortent de suite signifient grande réussite dans les entreprises que l'on projette; s'il s'en trouve de renversés, le succès sera moins grand quoique toujours assuré.

Trois dix, libertinage, mauvaise conduite; renversés, mauvais succès.

Deux dix, changement de profession; renversés, le changement ne sera pas prochain.

Quatre neuf sortant de suite signifient grande surprise; s'ils sont renversés, ils annoncent une réunion de bons citoyens.

Trois neuf, joie, fortune, santé; renversés, fortune compromise par imprudence.

Deux neuf, petit profit; retournés, faible perte au jeu.

Quatre huit qui sortent de suite annoncent un voyage de peu de durée; s'ils sont renversés, ils annoncent le retour d'un parent ou d'un ami actuellement en voyage.

Trois huit, projets de mariage; renversés, amours, plaisirs, bonnes fortunes.

Deux huit, affaire de cœur de peu de durée; renversés, petits plaisirs suivis de légers chagrins.

Quatre sept sortant de suite, signifient intrigues de domestiques ou de gens du peuple, menaces, piéges, contestation avec des gens de mauvaise foi; s'ils sont renversés, ils annoncent que les tentatives coupables de ces méchantes gens échoueront ou qu'elles seront punies.

Trois sept, grossesse, maladies, vieillesse prématurée; s'ils sont renversés, simple indisposition de peu de durée.

Deux sept, amourettes; retournés, filles de joie.

Ceci n'exige pas de grands efforts de mémoire, mais pour ce qui suit, la signification relative des cartes demande, de la part de la personne qui opère, un peu plus de perspicacité qu'il n'en faut pour comprendre et mettre en œuvre les instructions qui précèdent. Jusqu'à présent, nous n'avons fait pour ainsi dire qu'épeler dans les cartes ; il s'agit maintenant d'y lire couramment, c'est-à-dire d'assembler les cartes pour former des événements, comme on assemble les syllabes pour en faire des mots et des mots pour en faire des phrases ; c'est là ce que nous appelons signification relative. Pour nous faire comprendre plus facilement, nous allons donner quelques exemples que nous rendrons aussi clairs que possible.

PREMIER EXEMPLE.

Le roi de cœur se trouve parmi les cartes dont vous voulez donner l'explication : individuellement, le roi de cœur est un homme blond, franc et libéral, comme nous l'avons dit plus haut ; mais, dans le langage des cartes, ce n'est là qu'un mot ; il faut donc lier ce mot à d'autres mots, cette carte à d'autres cartes pour obtenir une phrase. Que fait-il cet homme blond ? Quels dangers a-t-il à craindre, quels succès a-t-il à espérer ? — Pour répondre à ces questions, voyons ce qui le précède et ce qui le suit. Si, par exemple, ce roi de cœur est suivi de la dame de trèfle, c'est un mariage heureux ; mais si la dame de trèfle est, à son tour, suivie du valet de carreau, cela voudrait dire amour coupable, adultère. Si ce roi se trouve entre deux cartes pareilles soit deux valets, deux as, deux dix, etc., la liberté de l'homme blond est menacée. En général, une carte qui se trouve entre deux cartes d'égale valeur signifie emprisonnement.

EXEMPLE.

Le huit de cœur se trouve dans les cartes tirées. Le huit de cœur seul signifie jeune blonde ; si ce huit est suivi de trois sept, la jeune blonde est enceinte, puisque trois sept signifient grossesse ; si après les trois sept, se trouve le roi de trèfle qui est un homme loyal, les suites de la faute qu'a faite la jeune fille lui seront plutôt avantageuses que funestes ; si le roi de trèfle était à son tour suivi de la dame de pique, la jeune blonde aurait tout à craindre d'une femme veuve et méchante qui chercherait à éloigner d'elle le père de son enfant.

Ces exemples pourraient suffire pour donner une idée de la signification relative des cartes quand on en connaît déjà la signification individuelle; mais pour initier complétement nos lecteurs nous leur donnons à la suite des notions complètes suivant la manière de tirer les cartes.

Des diverses manières de tirer les cartes.

MANIÈRE DE TIRER LES CARTES PAR TROIS.

Prenez un jeu ordinaire de trente-deux cartes, et désignez à l'avance celle des cartes qui doit vous représenter si vous opérez puor vous ou qui doit représenter la personne pour laquelle vous opérez; mêlez ensuite les cartes, et coupez ou faites couper de la main gauche. Cela fait, vous retournerez les cartes trois par trois, et toutes les fois que dans ces trois cartes il s'en trouve deux de la même couleur, c'est-à-dire deux cœurs ou deux trèfles, etc, on prend la plus forte des deux que l'on met devant soi; si les trois cartes sont de même couleur, on ne prend également que la plus forte d'entre elles; mais si les trois cartes sont de même valeur, c'est-à-dire, si ce sont trois as ou trois rois, etc., on les prend toutes trois. Je suppose qu'après avoir retourné le jeu trois par trois, vous ayez ainsi obtenu six cartes; il en reste vingt-six que vous battez et que vous coupez ou que vous faites couper de nouveau, puis vous recommencez à les retourner trois par trois, jusqu'à ce que vous ayez ainsi obtenu treize cartes ou quinze ou dix-sept, toujours en nombre impair. Il faut aussi que la carte qui représenté la personne pour laquelle on opère soit sortie. Si l'on avait obtenu le nombre de cartes voulu, et que la carte représentant la personne pour laquelle on opère ne fût pas sortie, il faudrait recommencer l'opération.

Supposons que la personne pour laquelle on opère soit une femme blonde qui sera représentée par la dame de cœur, et que l'on ait obtenu successivement quinze cartes dans cet ordre.

Le sept de trèfle,
Le dix de carreau,
Le sept de cœur,
Le valet de trèfle,
Le roi de carreau,
Le neuf de carreau,
Le dix de cœur,
La dame de pique,
Le huit de cœur,
Le valet de carreau,
La dame de cœur,
Le neuf de trèfle,
Le sept de pique,
L'as de trèfle,
Le huit de pique.

Vos cartes étant disposées dans l'ordre ci-dessus en mettant à gauche le sept de trèfle, ensuite le dix de carreau, etc, vous en examinez l'ensemble, vous dites d'abord :

« Il y a deux dames, ce qui signifie réunion de deux
« amies. Il se trouve aussi deux valets, ce qui annonce
« des projets coupables. Les deux dix signifient un chan-
« gement de profession; mais l'un de ces dix se trouvant
« emprisonné entre deux sept, ce changement ne se fera
« pas sans obstacle. Comme il se trouve trois sept dans
« ces quinze cartes, cela annonce que l'obstacle sera une
« grossesse ou une maladie. Enfin les deux neuf annoncent
« un petit profit, lequel, à cause des deux huit, sera le
« produit d'une affaire de cœur.

Voilà pour l'ensemble ; maintenant nous compterons sept cartes de droite à gauche, en commençant par la dame de cœur, qui est la personne pour laquelle nous opérons : la septième étant le roi de cœur, nous dirons à la personne qui consulte :

« Vous pensez souvent à un homme blond et libéral. »

Nous comptons de nouveau jusqu'à sept, en disant un sur le roi de cœur, deux sur le valet de trèfle, etc. La septième se trouvant être l'as de trèfle ; nous ajouterons :

« Vous recevrez de cet homme blond des nouvelles qui
« vous causeront beaucoup de joie ; cet homme a l'intention
« de vous faire un présent. »

Nous continuons à compter jusqu'à sept en prenant l'as de trèfle pour *un*, et nous arrivons à la dame de pique, nous disons donc :

« Une veuve cherchera à vous nuire dans cette circonstance. » Recommençant à compter un sur la dame de pique, la septième se trouvant être le dix de carreau, nous disons :

« La contrariété que vous causera cette femme, sera
« cause que vous ferez un voyage, ou que vous changerez
« de domicile. »

Mais comme le dix de carreau se trouve emprisonné entre deux sept, nous ajouterons :

« Ce voyage ou ce déménagement ne se fera pas sans
« obstacle. »

Comptant un sur le dix de carreau, la septième est la dame de cœur par laquelle nous avons commencé, et qui représente la personne pour laquelle nous opérons ; alors nous disons :

« Vous parviendrez à lever cet obstacle sans le secours
« de personne. »

Et nous nous arrêtons là. Prenant ensuite la première carte de droite et la première carte à gauche, qui sont : le huit de pique et le sept de trèfle nous les réunissons, et nous reprenons.

« Maladie à l'occasion de laquelle on recevra une petite
« somme d'argent. »

Continuant à réunir les cartes deux par deux, de la
même manière, nous avons l'as de trèfle et le dix de
carreau.

« Bonnes nouvelles qui vous décideront à faire un
« voyage qui sera très-heureux et à l'occasion duquel
« vous recevrez de l'argent. »

Nous avons ensuite le sept de pique et le sept de cœur.

« Paix du cœur qui sera suivie de peine légère, à
« laquelle succédera promptement l'amour et le plaisir. »

Neuf de trèfle et valet de trèfle.

« Vous recevrez certainement de l'argent par l'entre-
« mise d'un jeune homme brun très-adroit. »

Dame de cœur et roi de cœur.

« Cet argent viendra de l'homme blond que vous aimez;
« cette rencontre annonce une grande joie, et une réussite
« complète. »

Valet de carreau, et neuf de carreau.

« Cet heureux résultat sera cependant retardé, par les
« démarches que fera un jeune homme blond qui ne se
« pique pas d'une grande délicatesse. »

Huit de cœur, et dix de cœur.

« Amour, joie, triomphe. La dame de pique qui reste
« seule, est la dame veuve ou brune qui cherche à vous
« nuire, et qui se trouve abandonnée de tout le monde. »

Nous relevons les quinze cartes en les mettant tête-
bêche, puis nous les battons, nous les faisons couper,
toujours de la main gauche, nous en faisons ensuite trois
tas, en procédant ainsi : une carte à gauche, une carte au
milieu, une carte à droite; la quatrième est mise de côté
pour la surprise, puis on continue à former les trois tas
en mettant une à droite, une au milieu, une à gauche,
jusqu'à la fin des quinze cartes.

Il résulte de cette disposition que le tas de gauche et
le tas du milieu se composent chacun de cinq cartes, et que
le tas de droite n'en a que quatre. Nous demandons à la

personne qui consulte quel est le tas qu'elle choisit pour elle. Supposons que ce soit celui du milieu, et qu'il soit composé du valet de carreau, du roi de cœur, du sept de pique, de la dame de pique et du sept de trèfle. Recourant à la signification individuelle des cartes, à leur signification relative qui se trouve dans la première leçon, il nous sera très-facile de donner l'explication suivante :

« *Valet de carreau*, jeune homme blond peu délicat qui
« cherche à nuire... *Roi de cœur* à un homme bon et
« libéral... *Sept de pique* il parviendra à lui causer des
« chagrins... *Dame de pique*, à l'instigation d'une mé-
« chante femme... *Sept de trèfle*, mais tout cela s'arran-
« gera moyennant un peu d'argent. »

Nous relevons ensuite le tas de gauche qui est *pour la maison*, et que nous supposerons composé de la dame de cœur, du valet de trèfle, du huit de cœur, du neuf de carreau et de l'as de trèfle. Ayant toujours recours à la signification donnée dans la première leçon, nous l'expliquerons ainsi :

« *Dame de cœur*, la personne qui consulte est ou sera
« bientôt dans la maison... *Valet de trèfle*, où elle recevra
« un jeune homme brun.. *Huit de cœur*, qui réclamera ses
« bons offices auprès d'une jeune fille blonde... *Neuf de*
« *carreau*, retard dans l'accomplissement de ses désirs...
« *As de trèfle*, lettre annonçant de l'argent et qui lè-
« vera les difficultés. »

Le troisième paquet est *pour ce que l'on n'attend pas*; il sera composé de quatre cartes que nous supposerons être dans l'ordre suivant : dix de cœur, neuf de trèfle, huit de pique et dix de carreau, et dont voici la signification :

« *Dix de cœur*, grande joie à laquelle vous ne vous
« attendez pas... *Neuf de trèfle*, qui sera causée par un
« héritage inattendu... *Huit de pique*, cette joie pourra
« être suivie d'une légère maladie... *Dix de carreau*, qui
« résultera des fatigues d'un voyage. »

Ces trois paquets doivent être recommencés trois fois; à

chaque fois, on bat les cartes, on fait couper, on met la quatrième de côté pour la surprise, et l'on explique les trois tas en commençant toujours par celui que choisit la personne qui consulte; puis, pour finir, on relève les trois cartes de la surprise, que nous supposons être : le sept de cœur, le valet de trèfle et la dame de pique, que nous expliquerons ainsi, en nous conformant toujours aux instructions contenues dans la première leçon.

« *Sept de cœur...* Douces pensées, honnêtes projets...
« *valet de trèfle,* d'un jeune homme brun... *Dame de*
« *pique....* relativement à une méchante femme qui le
« rendra malheureux. »

MANIÈRE DE TIRER LES CARTES PAR SEPT.

Après avoir battu le jeu de trente-deux cartes et les avoir mises tête-bêche en les mêlant, vous coupez, si vous opérez pour vous, ou vous faites couper, toujours de la main gauche, la personne pour laquelle vous allez opérer. Vous comptez alors sept cartes en commençant par celle qui se trouve sur le jeu. Les six premières vous sont inutiles; vous les jetez de côté, et vous ne conservez que la septième que vous placez devant vous. Cette opération répétée par trois fois vous donnera douze cartes qui est le nombre nécessaire, et vous pourrez dès lors commencer l'explication, pourvu que la carte qui représente la personne pour qui vous opérez fasse partie de ces douze cartes. Si la carte représentant le consultant n'était pas sortie, il faudrait battre les cartes de nouveau, et recommencer l'opération jusqu'à ce que cette carte indispensable se trouvât au nombre des douze. Vos douze cartes étant étendues devant vous, de gauche à droite, dans l'ordre où elles sont sorties, vous opérez pour en donner l'explication de la même manière que si vous aviez tiré les cartes par trois (Voir *plus haut, manière de tirer les cartes par trois*), en ayant toujours recours à la signification individuelle et à la signification relative que nous avons données précédemment. Ainsi vous compterez les cartes par sept, de droite à gauche, en partant de la carte qui représente le consultant, et ainsi de suite comme dans l'article ci-dessus. Vous les rapprocherez ensuite deux par deux en prenant une à droite, une à gauche, toujours comme dans le tirage par trois. Enfin, vous ferez les trois tas et la surprise absolument de la même manière. Il n'y a de différence entre ces deux procédés que dans le nombre de cartes et dans la manière de les obtenir.

MANIÈRE DE TIRER LES CARTES PAR QUINZE.

Après avoir bien mêlé les cartes vous coupez, si vous opérez pour vous-même, ou vous faites couper, toujours de la main gauche, la personne pour laquelle vous opérez. Vous faites ensuite deux paquets de seize cartes chacun ; vous choisissez un de ces paquets, si vous opérez pour vous, ou vous le faites choisir par le consultant. Ce paquet étant choisi, vous en mettez la première carte de côté pour la surprise, puis vous retournez les quinze autres et les rangez devant vous de gauche à droite dans l'ordre où elles se trouvent, et vous examinerez si parmi ces quinze cartes se trouve celle qui représente la personne qui consulte. Si cette carte ne s'y trouvait pas, on battrait et couperait de nouveau le jeu, et l'on recommencerait l'opération jusqu'à ce que la carte nécessaire se trouvât dans le paquet choisi. Pour le reste, vous agirez comme si vous aviez obtenu ces quinze cartes en les tirant par trois (voir plus haut), à l'exception des tas qui ne se font pas de même. Ainsi, lorsque vous aurez examiné l'ensemble des quinze cartes, que vous en aurez donné la signification en comptant par sept à partir de la carte qui représente le consultant, et que vous aurez expliqué les rencontres en prenant successivement les cartes deux par deux, l'une à droite, l'autre à gauche, vous remêlerez les quinze cartes, vous ferez couper, et vous en ferez trois paquets de cinq cartes chacun, vous prendrez la première de chacun de ces trois paquets que vous poserez sur la carte de surprise, que vous avez aussi de côté, en commençant, de façon que vous aurez quatre paquets de quatre cartes chacune.

Faites choisir par le consultant un paquet pour la personne; retournez et étendez les quatre cartes qui le composent de gauche à droite, dans l'ordre où elles se trouvent, et donnez-en l'explication, selon la signification individuelle et la signification relative indiquées précédemment.

Après avoir expliqué le paquet pour le consultant, vous expliquerez le paquet placé à votre gauche, qui sera *pour la maison*, puis le troisième paquet qui sera *pour ce qu'on n'attend pas*, et enfin le paquet de *la surprise*.

Comme, pour être bien compris, il est bon de multiplier les exemples, nous supposerons que le paquet *pour la personne* et le consultant se compose du *valet de cœur*, de l'*as de carreau*, de *la dame de trèfle*, et du *huit de pique renversé*. En nous aidant de la signification contenue dans notre première leçon, nous donnerons l'explication suivante :

« *Le valet de cœur* est un joyeux garçon qui cherche à plaire... *L'as de carreau*, il a écrit, ou il écrira bientôt une lettre... *Dame de trèfle*, à une femme brune... *Huit de pique renversé*, pour lui proposer une alliance qui ne se fera pas... »

En effet, reportez-vous à la signification individuelle de chacune des trente-deux cartes, qui se trouve plus haut, dans notre première leçon, et vous trouverez... « *Le valet de cœur* est un joyeux garçon, un viveur qui songe au plaisir... *L'as de carreau* est une lettre que l'on recevra bientôt... *La dame de trèfle* est une femme honnête, aimante, mais vive et d'une grande susceptibilité... *Le huit de pique renversé* signifie mariage manqué... »

Vous voyez donc que chaque carte est, pour ainsi dire, une phrase, et qu'en assemblant ces phrases, au moyen de la signification relative, rien n'est plus facile que d'en faire un discours complet. Pour que l'on se pénètre bien de cette vérité, nous donnerons encore l'explication des trois autres paquets, que nous supposerons être composés, savoir :

Le paquet pour la maison, de la dame de cœur, du valet de pique renversé, de l'as de trèfle et du neuf de carreau.

Le paquet pour ce qu'on n'attend pas, de la dame de carreau, du roi de pique, de l'as de cœur renversé et du sept de pique.

Le paquet de la surprise, du valet de trèfle, du dix de carreau, de la dame de pique, et du neuf de pique.

EXPLICATION DU PAQUET POUR LA MAISON.

La dame de cœur est une femme blonde et douce... *Valet de pique renversé*, qui sera trahie par un jeune homme brun, de mauvaises mœurs... *As de trèfle*, des nouvelles agréables qu'elle apprendra dans le même temps la consoleront... *Neuf de carreau*, il pourra se faire pourtant que ces nouvelles soient retardées.

EXPLICATION DU PAQUET POUR CE QU'ON N'ATTEND PAS.

La dame de carreau est une femme médisante et de mauvaises mœurs... *Le roi de pique* qui se liguera avec un homme de robe de mauvaise foi... *As de cœur renversé*... Ils se trouveront tête à tête... *Sept de pique*.... mais le mal qu'ils parviendront à faire sera de courte durée.

EXPLICATION DU PAQUET DE LA SURPRISE.

Le valet de trèfle est un jeune homme entreprenant et adroit. *Dix de carreau*,.., qui se dispose à entreprendre un voyage... *Dame de pique*..., pour se rendre près d'une jeune veuve... *Neuf de pique*... Il y aura danger de mort pour l'un ou pour l'autre.

MANIÈRE DE TIRER LES CARTES PAR VINGT ET UNE.

Après avoir bien mêlé un jeu de trente-deux cartes, vous coupez de la main gauche, si vous consultez les cartes pour vous, ou vous faites couper, toujours de la main gauche, par la personne pour laquelle vous opérez. Cela fait, retranchez du jeu les onze cartes de dessus qui ne doivent servir à rien. Il vous restera vingt et une cartes que vous mêlerez de nouveau et que vous ferez couper; vous mettrez celle de dessus de côté, pour la surprise, puis vous retournerez et vous étendrez devant vous les vingt autres, de gauche à droite, dans l'ordre où elles se trouveront. Vous regarderez d'abord si la carte représentant la personne qui consulte se trouve parmi ces vingt; si elle ne s'y trouvait pas, vous tireriez, si vous opériez pour vous, ou vous feriez tirer, si c'était pour un autre, une carte parmi les onze demeurées inutiles; cette carte, quelle qu'elle fût, représenterait le consultant, et il faudrait la placer la première à droite.

Supposons maintenant que les vingt cartes rangées devant vous de gauche à droite soient :

La dame de carreau. — Le roi de trèfle. — Le dix de cœur. — L'as de pique. — La dame de cœur renversée. — Le sept de pique. — Le valet de carreau. — Le dix de trèfle. — Le roi de pique. — Le huit de carreau. — Le roi de cœur. — Le neuf de trèfle. — Le valet de pique renversé. — Le sept de cœur. — Le dix de pique. — Le

roi de carreau. — L'as de carreau. — Le sept de trèfle. —
Le neuf de cœur. — L'as de trèfle.

Supposons, en outre, que le consultant soit un militaire
qui doit être représenté par le roi de carreau.

Cela bien entendu, nous examinons d'abord l'ensemble
des cartes, et comme les quatre rois sont sortis, nous dirons que le consultant, qui est militaire, doit s'attendre à
de grandes récompenses ; qu'il arrivera aux dignités et
aux honneurs. — Les deux dames qui se trouvent dans
ces vingt cartes, et dont l'une est renversée, annoncent
réunion de deux amies qui ont des peines de cœur.
Les trois as annoncent au consultant d'heureuses nouvelles. — Les deux valets, dont un renversé, projets
coupables formés par des gens de mauvaises mœurs. —
Les trois dix, libertinage, mauvaise conduite.

Passant ensuite à l'explication des vingt cartes, en commençant par la première de gauche, nous dirons, toujours d'après les instructions qui se trouvent dans notre
première leçon.

« *La dame de carreau* est une femme sans mœurs...
Roi de trèfle..., qui cherche à plaire à un homme brun
très-estimable... *Dix de cœur*... Elle triomphera de sa
résistance....*As de pique*... Leurs amours feront quelque
bruit... *Dame de cœur renversée*..., et mettront au désespoir une femme blonde très-honnête... *Sept de pique*...
Toutefois les chagrins de cette dernière seront de courte
durée... *Valet de carreau*..., Un serviteur peu fidèle...
Dix de trèfle..., s'emparera d'une somme considérable...
Roi de pique..., ce qui amènera un procès... *Huit de
carreau*... Des démarches sont faites en sa faveur par une
femme... *Roi de cœur*... Un homme blond très-libéral...
Neuf de trèfle..., recevra une somme considérable... *Valet de pique renversé*..., qui excitera la convoitise d'un
mauvais sujet... *Sept de cœur*... De douces pensées...
Dix de pique..., suivies de violents chagrins... *Roi de
carreau*.... Attendant un militaire QUI EST LE CONSUL-
TANT.... *As de carreau*.... Une lettre qu'il recevra bien-

tôt... *Sept de trèfle...*, lui annonce l'envoi d'un peu d'argent... *Neuf de cœur...* Il en éprouvera quelque joie... *As de trèfle...*, qui sera bientôt augmentée par d'autres bonnes nouvelles. »

Cette explication terminée, vous relèverez la carte de surprise, que nous supposons être l'as de cœur, lequel annonce une lettre d'amour qui causera la plus grande joie ; mais, comme d'un autre côté, cet as sera le quatrième dans les vingt et une cartes, cette joie pourra être suivie de grands dangers.

On passe ensuite à la formation des trois paquets comme dans la manière de tirer les cartes par trois, et on met la première carte de côté pour la surprise, d'où il résulte que les deux premiers paquets, en partant de la gauche, sont composés chacun de sept cartes, et qu'il n'y en a que six dans le troisième. On demande au consultant lequel de ces paquets il choisit pour lui, puis on retourne ce paquet, on étale les cartes devant soi de gauche à droite, et l'on en fait l'explication de la même manière que si l'on avait tiré les cartes par trois (*Voir* plus haut *manière de tirer les cartes par trois*). On recommence également trois fois les paquets, en mettant à chaque fois la première carte de côté pour la surprise, il en résulte que cette surprise se compose de trois cartes dont on donne l'explication en dernier lieu.

En terminant cette leçon, nous devons dire que, soit que l'on tire les cartes par trois, par sept, par quinze ou par vingt et une, la majorité des cartes sorties étant blanches, c'est-à-dire inférieures aux valets, cela annonce une grande réussite; si les trèfles dominent, gain, fortune considérable; si les figures sont en majorité, honneurs, dignités; les quatre cœurs inférieurs, joie, bonnes nouvelles; les quatre piques inférieurs, mort, maladies.

Mais ces explications d'ensemble sont toujours un peu vagues, l'on ne doit pas y attacher autant d'importance qu'à celles qui résultent de la position et de la rencontre.

Les opérations que l'on appelle *réussites* en cartomancie, ne peuvent jamais servir à résoudre plus d'une
question. Par exemple, je veux savoir si ma femme me
sera fidèle; cette question peut être très-bien résolue par
une *réussite*; mais si je voulais savoir, en outre, si elle
sera douce, si elle sera prodigue ou avare, etc., etc., il
faudrait répéter l'opération pour chaque question, ce qui
serait excessivement long. C'est pourquoi les cartomanciens n'ont recours à l'une des opérations appelées *réussites*, que lorsqu'il ne s'agit de répondre qu'à une seule
et unique question.

Les réussites usitées par les cartomanciens sont au
nombre de trois, savoir : *la réussite des quatre as*, *la
réussite des douze cartes et la réussite des trente-deux
cartes*.

RÉUSSITE DES QUATRE AS.

Supposons que la personne qui consulte les cartes, ou pour
laquelle on les consulte, désire savoir si l'objet de son amour
la paye d'un retour sincère. Après avoir battu les trente-
deux cartes et coupé, ou fait couper de la main gauche, on
tire successivement treize cartes; si parmi ces treize
cartes se trouvent un ou plusieurs as, on les met de côté;
on bat de nouveau les autres cartes, on fait couper et l'on
tire treize cartes, en mettant toujours de côté les as qui
sortent. Cette opération se répète trois fois, et pour que
la réussite soit bonne, c'est-à-dire pour que la réponse
à la question posée par la consultante soit favorable, il
faut que les quatre as sortent dans ces trois coups; s'ils
sortaient en deux coups, la réponse serait plus favorable
encore, et signifierait : « *Vous inspirez plus d'amour
que vous n'en ressentez.* » Si les quatre as sortaient du

premier coup, ce serait encore un plus grand succès, et la réponse pourrait être : « *Vous êtes l'un des mortels les plus heureux en amour.* »

RÉUSSITE DES DOUZE CARTES.

Après avoir battu les trente-deux cartes et avoir coupé ou fait couper de la main gauche le consultant, vous tirez six cartes du jeu, et la septième vous la mettez de côté, et ainsi de suite jusqu'à ce que vous ayez épuisé le jeu. Et répétant cette opération, vous obtiendrez douze cartes que vous étendrez devant vous, de gauche à droite, dans l'ordre où elles sont sorties, et vous désignerez la carte par laquelle vous voulez être représenté, si vous opérez pour vous-même, ou vous la ferez désigner si vous opérez pour autrui. Commençant alors par cette carte, que nous supposerons être la dame de carreau, vous direz, en partant de la gauche et vous dirigeant vers la droite, *as, roi, dame, valet, dix, neuf, huit et sept ;* puis vous continuez, et toutes les fois qu'en disant : *as* ou *dame,* ou *roi,* etc., vous vous trouverez en effet sur la carte que vous nommez, vous la relèverez et vous continuerez sur les autres. Pour que la réussite soit bonne et la réponse favorable, il faut que les douze cartes soient ainsi relevées successivement.

RÉUSSITE DES TRENTE-DEUX CARTES

Après avoir battu les trente-deux cartes et coupé, si vous opérez pour vous, ou fait couper, toujours de la main gauche, si vous opérez pour un autre, vous en faites huit paquets, en partant de la gauche, et mettant successivement une carte pour chaque paquet, la face tournée vers la table. Chacun des huit paquets se trouvant ainsi com-

posé de quatre cartes, vous retournez la carte de dessus
de chacun des huit paquets, et toutes les fois qu'il y a
deux cartes semblables, vous les relevez; ainsi, si le
dessus des huit paquets offre deux rois, vous enlèverez
ces deux rois et vous retournez la carte qui se trouve
sous chacun d'eux; il en est de même pour les as, les
dames, etc.; et pour que la réussite soit bonne, il faut
que les trente-deux cartes soient enlevées ainsi successivement, deux par deux. Si vous arrivez ainsi deux par
deux jusqu'à la fin, la réussite est bonne. Coupez alors,
ou faites couper sept fois de suite le jeu de trente-deux
cartes, que vous aurez relevé deux par deux, puis retournez tout le jeu deux par deux. Si les trente-deux
cartes sortent alors par deux, d'égale valeur ensemble,
c'est-à-dire deux dix, deux rois, deux valets, etc., alors
la réussite est parfaite, et le consultant obtiendra infailli-
blement plus qu'il n'espère.

L'ART DE DÉCOUVRIR L'AVENIR

AU MOYEN DU MARC DE CAFÉ.

—

Parmi les différents moyens reconnus à l'aide des-
quels certains adeptes peuvent lire dans l'avenir, il en
est un entre autres qui jouit d'un très-grand crédit : c'est
celui de la divination par le marc de café.

Cette méthode de connaître les destins humains nous
vient des Égyptiens. Plus tard, le célèbre Thomas Tamponelli, de Florence, perfectionna ce système et le ré-
pandit dans toute l'Italie. C'est d'après les commentaires
mêmes du fameux devin de Florence que nous allons entreprendre ici l'explication des hiéroglyphes que le marc

de café présente à l'œil avec les préparations nécessaires à l'exécution. Voici comment l'on procède à cette opération :

La première des conditions à observer est celle du temps. On peut consulter le marc de café tous les jours de la semaine indistinctement, à toute heure du jour et de la nuit. Une température humide, pluvieuse ou chargée de brouillards est seule contraire.

Pour ce qui est de la préparation, on doit laisser dans la cafetière le marc que le café y a déposé, après avoir eu soin de verser toute la partie liquide, de manière que le marc reste très-épais au fond de la cafetière; on laisse reposer ensuite au moins une heure.

Le marc de la veille peut être également propre à l'opération. On doit prendre la cafetière où il se trouve sans l'agiter ou le moins possible; on jette un verre d'eau sur le marc pour une once et deux verres si c'est le marc de deux onces.

On met ensuite la cafetière au feu pour faire chauffer le marc jusqu'à ce qu'il se délaie dans l'eau. Il faut avoir pour cette préparation une assiette en terre de pipe ou de porcelaine opaque blanche, sans tache, bien essuyée et séchée au feu si le temps est humide. On remue d'abord le marc dans la cafetière avec une cuillère, on le verse ensuite sur l'assiette, mais en petite quantité, et de façon qu'il ne l'emplisse qu'à moitié. Vous agitez alors l'assiette en tous sens avec autant de légèreté que possible, pendant l'espace d'une minute environ; ensuite vous répandez doucement tout ce qui se trouve sur l'assiette dans un autre vase.

Par ce moyen, il ne reste point d'eau dans l'assiette, ais seulement des particules de marc de café disposées e telles façons qu'elles représentent une multitude de essins et de figures différents, qu'il s'agit de bien obser- er. Il y a des ronds, des croix, des carrés, des lettres, des lignes transversales et perpendiculaires, etc. Ce sont ces figures qu'il s'agit d'expliquer.

Si le nombre des *figures rondes* est considérable, comparativement aux autres dessins, cela annonce que la personne pour laquelle on opère recevra prochainement de l'ARGENT.

Les *lignes droites* annoncent le CALME, la TRAN-QUILLITÉ, une LONGUE VIE.

Les *figures* sont en général d'heureux présages ; ils annoncent des secrets en amour, un BON MARIAGE.

Les figures *carrées* annoncent la PAIX, le BONHEUR.

Les *carrés longs* sont un présage de DISCORDE dans la famille ou dans le ménage.

Les figures *tourmentées, anguleuses* sont un signe certain de CHAGRINS, d'ENNUIS qui dureront d'autant plus longtemps que les figures sont plus ou moins nombreuses.

Une *couronne* signifie HONNEUR.

Une *croix* annonce une MORT prochaine.

Un *oiseau* présage de la JOIE.

Un *triangle*, HÉRITAGE prochain.

Une *longue ligne droite*, VOYAGE.

Plusieurs *petites lignes* dans des sens divers annoncent des TRIBULATIONS.

Plusieurs *grains* réunis en forme de chapelet sont l'indice d'une GROSSESSE.

La *figure d'un homme* est un présage de VISITE prochaine ; si les *bras* de cette figure sont *tendus*, c'est un PRÉSENT que l'on recevra.

Lorsque la figure est *bien marquée*, cela annonce que la personne est BRUNE ; si elle n'est que faiblement indiquée, c'est une personne BLONDE.

Lorsqu'il se trouve sur l'assiette beaucoup de *petites éminences*, c'est un symptôme de CALAMITÉS prochaines qui vous arriveront, soit mort ou grave maladie.

Une *couronne près d'une croix* indique une grande fortune prochaine.

Les *fleurs* annoncent la joie, les plaisirs, une VIE HEUREUSE.

On comprend que la signification de ces figures se modifie selon leur disposition. Après avoir examiné l'ensemble, on procède à l'explication particulière, en allant de gauche à droite et en liant la signification de l'une à celle de l'autre.

Des figures qui ne se présentent que très-rarement et qui cependant s'observent quelquefois, ce sont les lettres de l'alphabet. Nous devons à la connaissance que nous avons prise d'un manuscrit de Thomas Tamponelli, absolument inédit et trouvé à la bibliothèque de Florence, l'explication de chacune d'elles. C'est donc une nouveauté que nous offrons à nos lecteurs en leur donnant la signification de chaque lettre :

A — Déceptions.
B — Travail pénible sans succès.
C — Peine.
D — Malheurs au sein de la fortune.
E — Heureux mariage.
F — Réussite dans l'entreprise.
G — Joie bien fondée.
H — Emprisonnement.
I — Pas d'obstacles dans les projets.
J — Héritage.
K — Ennuis.
L — Santé.
M — Avenir brillant.
N — Avenir heureux.
O — Argent.
P — Fortune inattendue.
Q — Grande fortune.
R — Maladie prochaine.
S — Gain en affaire, sortie de prison.
T — Déception.
U — Vieillesse longue.
V — Veuvage.
X — Mort.
Y — Infortunes matrimoniales.
Z — Difficultés avant d'arriver.

Les *chiffres* signifient BONHEUR au jeu, CHANCE certaine.

L'ART DE DÉCOUVRIR L'AVENIR

AU MOYEN D'UN BLANC D'ŒUF.

Ce procédé est fort peu usité, par la raison que les résultats qu'on en obtient sont nécessairement forts restreints; il y a d'ailleurs beaucoup d'analogie avec la manière de lire dans l'avenir à l'aide du marc de café. Voici la manière d'opérer.

Cassez un œuf bien frais, séparez avec soin le jaune du blanc, et jetez ce blanc dans un grand verre à demi plein d'eau; déposez ce verre dans un endroit sec, sans le couvrir, et n'y toucher que vingt-quatre heures après. Le blanc d'œuf aura formé alors un certain nombre de figures qu'il sera très-facile de bien examiner à travers le cristal; il y aura des ronds, des carrés, des figures d'animaux, des arbres, des croix, etc. L'explication de ces figures se fait de la même manière que pour le marc de café (*Voir* ci-dessus); mais cette explication n'est pas toujours satisfaisante, attendu que les figures sont nécessairement peu nombreuses. On peut néanmoins remédier à cet inconvénient en mettant trois ou quatre blancs d'œufs, et même un plus grand nombre dans autant de verres d'eau que l'on range en ligne droite, et que l'on examine de gauche à droite.

LE LANGAGE DES PIERRES

Il existe en Pologne une superstition curieuse et très-intéressante.

Elle consiste à croire qu'à chaque mois sont consacrés

d'une façon spéciale certaines pierres précieuses qui exercent une grande influence sur la destinée des personnes que ce mois a vu naître.

Aussi aux anniversaires des naissances, ne manque-t-on pas entre amis, époux et amants de se faire cadeau de bijoux ornés de la pierre tutélaire et d'accompagner cette offrande de vœux que l'on espère voir se réaliser.

Janvier. Mois dans lequel la *Jacinthe* ou le *Grenat* indiquent la constance et la fidélité dans toute espèce d'engagements.

Février. L'*Améthyste* est un véritable préservatif contre les passions violentes, assurance générale et infaillible pour la paix de l'âme, et contre le feu de l'amour.

Mars, la *Sanguine,* symbole du courage, de la discrétion.

Avril. Le *Saphir* et le *Diamant* sont pour ce mois l'emblème du repentir et de l'innocence.

Mai, l'*Émeraude,* symbole de l'amour heureux.

Juin, l'*Agathe,* promesse de longs jours et de santé dans le plus parfait amour.

Juillet. Le *Rubis* et la *Cornaline* signifient oubli des chagrins de l'amour et de l'amitié ; précieuses pierres, si elles disent vrai : qui d'entre nous n'a pas éprouvé quelque chagrin ou quelque déception par l'une de ces deux causes.

Août, le *Sardoine.* Félicité conjugale.

Septembre, la *Chrysolite,* préservatif et guérison de tous les maux.

Octobre, l'*Algue-marine* ou l'*Opale,* pierre qui a la vertu de redonner l'espérance après le malheur.

Novembre, la *Topaze.* Amitié et fidélité.

Décembre. La *Turquoise* ou la *Malachite* promettent grands succès, grande réussite et bonheur dans toutes les circonstances de la vie. N'est-ce pas intéressant, comme nous le disions en tête de ce chapitre, cette croyance aux pierres, et n'est-elle pas le symbole de nations primitives et innocentes que nous devons envier, perdus que nous sommes de civilisation et d'athéisme.

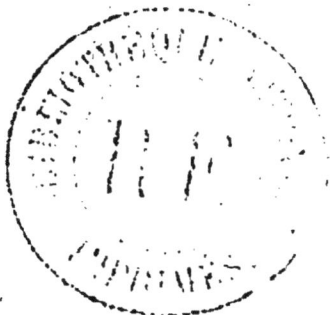

TABLE

FIN.

Clichy. — Imprimerie Paul DUPONT, rue du Bac-d'Asnières, 12.

www.ingramcontent.com/pod-product-compliance
Lightning Source LLC
Chambersburg PA
CBHW072037080426
42733CB00010B/1924